Toni Lauerer

Alle Jahre zwider

Vergnügliche Weihnachtsgeschichten

Alle Jahre zwider

Vergnügliche Weihnachtsgeschichten

von **TONI LAUERER**

BUCHVERLAG

Bibliografische Information der Deutschen Nationalbibliothek
Die Deutsche Nationalbibliothek verzeichnet diese Publikation in der Deutschen Nationalbibliografie; detaillierte bibliografische Daten sind im Internet über http://dnb.dnb.de abrufbar.
ISBN 978-3-95587-438-4

MIX
Papier aus verantwortungsvollen Quellen
FSC
www.fsc.org
FSC® C014138

Für uns, die Battenberg Gietl Verlag GmbH mit all ihren Imprint-Verlagen, ist Nachhaltigkeit ein wichtiger Teil unserer Unternehmensphilosophie. Daher achten wir bei allen unseren Produkten auf den Einsatz umweltschonender Ressourcen und Materialien.
Dieses Buch wurde auf FSC®-zertifiziertem Papier gedruckt. FSC (Forest Stewardship Council®) ist eine nicht staatliche, gemeinnützige Organisation, die sich für die verantwortungsvolle und ökologische Nutzung der Wälder unserer Erde einsetzt.

Unsere Partnerdruckerei kann zudem für den gesamten Herstellungsprozess nachfolgende Zertifikate vorweisen:
– Zertifizierung für FOGRA PSO
– Zertifizierungssystem FSC®
– Leitlinien zur klimaneutralen Produktion (Carbon Footprint)
– Zertifizierung EcoVadis (die Methodik besteht aus 21 Kriterien in den Bereichen Umwelt, Einhaltung menschlicher Rechte und Ethik)
– Zertifikat zum Energieverbrauch aus 100% erneuerbaren Quellen
– Teilnahme am Projekt „Grünes Unternehmen" zum Schutz von Naturressourcen und der menschlichen Gesundheit

Titelfoto Toni Lauerer: Christian Greller
Hintergrundbild:
AdobeStock_227873596_dil_ko
und die Sterne:
AdobeStock_628388721_thingamajiggs

1. Auflage 2024
ISBN 978-3-95587-438-4
Alle Rechte vorbehalten!
© 2024 MZ-Buchverlag in der
Battenberg Gietl Verlag GmbH, Regenstauf
www.battenberg-gietl.de

Inhalt

Vorwort	7
Gestörte Weihnachtsharmonie	9
Bauernregel	12
Prompte Wunscherfüllung	14
Meine speziellen Grüße	16
Oma wird ausgebremst	21
Na dann prost	32
Der Hobbypoet	33
Die Klasse 3b fährt Schlitten	37
Dresscode unterm Christbaum	42
Klimawandel de luxe	46
Der Herr im Haus	46
Sepp in Bethlehem	50
Weihnachtswunschwahnsinn	60
Der Problemschneemann	69
Besuch am zweiten Weihnachtsfeiertag	74
Schlechte Vorbereitung	83
Knaller aller Art	84
Schanzengleichheit	84
Schuld des Wirtes	85
Später Frühling	85
Sieg der Vernunft	86
Auf Kreuzfahrt	86
Zeit wirds	87
Alterserscheinung	87
Wandel der Sprache	88
Zukunftsängste	89
Merkzahlen des Winters	89
Sauerei in der Heiligen Nacht	90
Gedrückte Silvesterstimmung	97
Der gleiche Depp wie immer	106
Das verlegte Geschenk	112

Kindermund ... 113
Winterliche Verfolgung ... 114
Auf Klosters reimt sich nix ... 115
Geschenke für die Ewigkeit ... 119
Schwieriger Christbaum ... 120
Weihnachtspessimisten ... 124
Schade ist es nicht um dich ... 130
12 Kurze ... 137
Im Supermarkt am 23. Dezember ... 140
Qualitätsverlust ... 148
Die altmodische Oma ... 149
Der Wintersportprofi ... 153
Beim Weihnachtswichteln ... 156

Vorwort

*Sehr geehrte Leserinnen und Leser,
liebe Kinderinnen und Kinder,*

Winter, Advent, Weihnachten, Silvester – eine Zeit der Harmonie, des Friedens, der Freude und des Eierkuchens! Alle haben sich lieb, alle sind entspannt, die Kinder freuen sich auf die Geschenke und die Eltern freuen sich, weil die Kinder so brav sind und so zufrieden mit dem, was sie vom Christkind bekommen bzw. nicht bekommen!
Die Landschaft ist wochenlang dick verschneit und der Frost zaubert wunderschöne Eisblumen an die Fenster der wohlig warmen Stuben, in denen gütige Mütter oder rüstige Großmütter Bärenpratzen und Kokoshäuferl backen für die vielen Verwandten, die an den Feiertagen kommen und auf die sich schon alle freuen.
Die langen und oft sinnfreien Gespräche, die anlässlich der Besuche geführt werden, nerven keinen, denn es ist ja Weihnachten! Und an Weihnachten nervt nichts und niemand!

Schon die Vorbereitungen für das Fest der Geburt Christi sind wundervoll und erquickend:
Der Papa stapft im weißen Winterwunderwald durch den hohen Schnee, um für seine Familie einen wunderschönen Christbaum zu holen, er tut das gerne! Und der Christbaum, den er dann nach Hause bringt, ruft spontane Begeisterung hervor, insbesondere bei seiner geliebten Frau! „Schatz!", ruft sie, „kein Mann auf dieser Welt sucht so schöne Christbäume aus wie du!"
Die Geschenke, die man entspannt und rechtzeitig für die Lieben besorgt hat, freuen diese über alles und niemand denkt auch nur daran, etwas so Wunderschönes und sehnlich Erwünschtes umzutauschen!
Mit wollernen Zipfelmützen und dicken Handschuhen eingepackt sind die Kinderlein den ganzen Tag draußen beim Schlittenfahren und erst am Nachmittag kommen sie glücklich und mit roten Bäckchen wieder heim, um dann den Geschichten zu lauschen, die ihnen die liebe Oma erzählt.

In der Ecke sitzt der Opa und schnitzt kleine Holzfiguren für die Krippe, zur Entspannung raucht er eine Pfeife, die gut duftet. Sein bronchialer Husten verrät allen: Jaaa, der Opa raucht gerne und schon lange! Und lebt trotzdem noch!
Es befinden sich zwar PCs und Handys im Haushalt, aber an denen haben weder Kinder noch Eltern Interesse, denn es ist ja Weihnachten!

„Jetzt spinnt er komplett, der Lauerer Toni!", werden Sie sich denken, „so ist es ja nicht! Die Realität schaut doch ganz anders aus!"
Ich weiß, ich weiß! Aber schön wäre es schon, wenn es so wäre, oder? Weil es aber nicht so ist, habe ich versucht, auch die eher lästigen und peinlichen Dinge, die uns rund um Weihnachten „zwider" sind (daher der Titel dieses Buches!), humorvoll zu beleuchten. Lassen Sie sich also von meinem griesgrämigen Gesicht ganz vorne nicht täuschen, es gibt viel zu lachen!

Ich wünsche Ihnen und euch viel Spaß beim Lesen und Vorlesen und eine schöne Adventszeit, ein frohes Fest und ein gesundes neues Jahr! Und zwar alle Jahre wieder!

Ihr/euer
Toni Lauerer

Gestörte Weihnachtsharmonie

Sie: Omei Schatz, wie die Zeit vergeht! Hamma scho wieder den ersten Advent!

Er: Owa ehrlich! War doch erst vor Kurzem Weihnachten und etza kimmts scho wieder daher! Gnadenlos! „Alle Jahre wieder", des an sich harmlose Lied is die brutale Wahrheit!

Sie: Umso älter wiama wird, umso schneller gehts dahi, die Zeit! Früher war a Jahr gefühlsmäßig viel länger!

Er: Deutlich länger! Damals is dir a Monat vorkema wia sechs Wochen!

Sie: Mindestens! Warn owa aa bloß vier.

Er: Du, apropos Weihnachten: Wos daadst du dir denn heuer wünschen? Weil woaßt, i frag di glei, bevor dass i dir a Überraschung kaaf, de wo dir dann ned gfallt! Wia damals der Römertopf! Den hamma nie benutzt! Etz steht er im Garten draußn als Vogeltränke, des war ned der Sinn der Sache. Mir hamm allerdings de nobelste Tränke vo da ganzen Siedlung!

Sie: *Lacht.* Der war echt a Schmarrn! Ok, de Vögel hamm a Freid mit eam. Owa, woaßt wos, Schatz, zum Thema Weihnachtsgeschenk wollt i sowieso amal mit dir reden!

Er: *Ängstlich:* Ehrlich? Möchst wos Bsonders heuer? Wos Exquisites? Dann sags glei und denk ned ans Geld! Geld spielt keine Rolle, Hauptsach, dir gfallts! Soll a Fuchzger hi sei! Des bist mir wert! Und wenns an Hunderter kost, is mir des aa wurscht. Dann kriagst halt nächsts Jahr nix! *Lacht liebevoll.*

Sie: Im Gegenteil! I wollt vorschlagen, dass wir zwoa uns gegenseitig nix mehr schenka! Mir hamm doch alles!

Er: *Total erleichtert:* Schatz, do hast du vollkommen recht! Mir hamm doch alles! Mir brauchma nix!

Sie: Eben! Und wenn mir wos braucha, dann kaufmas uns! Do miassma doch ned auf Weihnachten warten!

Er:	Ja eben! Wenn mir im August wos braucha, dann kaufmas uns im August!
Sie:	Spätestens im September! Auf jeden Fall tun wir uns den Stress nimmer o mit dem Gschenk aussuacha! I merk doch, wia di des immer belastet! Und mir san doch koane kloana Kinder mehr!
Er:	Do hast du recht! Direkt psychisch belastet mi des! Versteh mi ned falsch, Hildegard, i schenk dir grundsätzlich gern wos, aa wos deiers, es geht mir ned ums Geld, wia gesagt! Owa a Stress is des scho, dassma aa des Passende find!
Sie:	Siehe Römertopf!
Er:	Genau! Der war im Endeffekt a Geschenk für de einheimischen Singvögel.
Sie:	*Lacht.* De kriagn normal nix zu Weihnachten.
Er:	Und in Zukunft mir zwoa aa nimmer!
Sie:	Also, dann is ausgmacht: Mir schenkma uns zu Weihnachten gegenseitig nix mehr?
Er:	Jawoll, ausgmacht! Du, mir san 32 Jahr verheiratet, do brauchts so an Schmarrn nimmer, oder?
Sie:	Naja, a Schmarrn is ned direkt, wenn man sich wos schenkt …
Er:	Naa, natürlich ned! I hob mi vielleicht falsch ausdruckt …
Sie:	Naa, i woaß scho, wia du des moanst, passt scho! Wennma so lang verheiratet is, dann woaßma doch, wia der Partner wos moant!
Er:	Ja eben! Also Hildegard, des is fei a Riesenerleichterung für mi, dass du des Thema angesprochen hast! Des hod mi scho belastet mit dem Gschenk, owa i wollt nix sagen, weil ned dass du gsagt hättst, du bist mir nix wert! Verstehst?
Sie:	I versteh di scho! Naa, do brauchst koa Angst haben, Alfons! I woaß scho, dass i dir wos wert bin! *Lacht.* Mehr als an Römertopf!
Er:	*Lacht auch.* Deutlich mehr! Und gell: Wennst moanst, dass mir wos braucha unterm Jahr: Sags einfach und

	dann kaufmas! Do duama gar ned lang umananda! Sags einfach und kauft wirds! A Fuchzger hi oder her, des spielt keine Rolle!
Sie:	Jawoll! I sags!
Er:	Versprochen?
Sie:	Hoch und heilig!
Er:	Super! Do kriagst a Druckerl dafür! *Drückt sie zart, aber begeistert – weniger aus Zuneigung, eher aus Erleichterung.*
Sie:	*Überrascht über die unerwartete Zärtlichkeit:* Nono, dua langsam!
Er:	Weil mi des aso gfreit, dass des Thema endlich erledigt is! Mir schenken uns ab sofort zu Weihnachten nix mehr! I konns no gar ned glauben!
Sie:	Des derfst ruhig glauben! Mir schenken uns nix mehr!
Er:	Nix, null, niente! Nothing, wia da Franzose sagt, wenn er Englisch red'!
Sie:	Höchstens a Kleinigkeit!

Seine gute Stimmung ist schlagartig und vollständig verflogen. Er geht zum Stammtisch, um zu beraten, welchen Gutschein man der hinterlistigen Gattin schenken könnte, um am Heiligen Abend nicht als Geizkragen, egoistischer Ehemann und unromantischer Büffel dazustehen.

Bauernregel

Bauer: So Hansi, es is so weit! Du bist etza 16 Jahre alt und des hoaßt: Du derfst heuer des erste Mal ganz alloa unsern Christbaam holn im Wald!

Hansi: *Aufgeregt und erfreut:* Ehrlich Papa? Ganz alloa? I? Im Wald? Unsern Christbaam?

Bauer: Freilich! Wos Tradition betrifft, do mach i koane Witze ned! Des war scho aso bei mein Großvater und mein Vater und bei mein Vater und mir und etza sags i zu dir! Irgendwann is bei jedem Burschen so weit, dass er alloa den Christbaam holt! Des is der zweite Schritt auf dem Weg zum Mann, der kimmt glei nach dem ersten Rausch, des is der erste Schritt! Owa den host ja scho hinter dir seit da Firmung. I woaß no, wia i meinen ersten Christbaam erlegt hob, i hob plärrt vor Freid, wia er vor mir glegen is!

Hansi: Man könnt' aa oan kaffa! Beim Lidl am Parkplatz.

Bauer: *Empört:* Spinnst du? Mir samma Waldbauern! Ein Waldbauer kafft koan Christbaam ned! Des waar eine Schande! Wenn hektarweise de Christbäume in natura verfügbar san, da kaaftma ned am Supermarktparkplatz ei, da gehtma in den Wald hinein bzw. hinaus! *Abfällig:* Supermarkt! Im ganzen Dorf daads hoaßn: „Eam schau o!"

Hansi: Des stimmt, i hob des ja bloß aso gsagt! Mi gfreit des wirklich total, dass i des Jahr den Christbaam holen derf!

Bauer: Des soll di aa gfrein! Des is eine Ehre und eine Tradition! Suachst a scheene Tanne aus, gell!

Hansi: A ganz a scheene, Papa! Wie groß ungefähr?

Bauer: Mei, normal halt, so circa 1 Meter und 74 Zentimeter, dass oben die silberne Spitz no draufpasst, de mir scho in vierter Generation hamm! De miassma in Ehren halten, do steht unten no „Deutsches Reich" drauf!

Hansi: Dann nimm i liawa an Meterstab mit, Papa! Ned dass er z'kurz is oder z'lang wega da Spitz!

Bauer: Z'lang derf er scho sei, weil man kann ja jederzeit wos wegschneiden.

Hansi: Unten oder oben?

Bauer: Unten, du Hanswurscht! Weil wennst oben wos wegschneidst, des schaut bläd aus! A Baam ohne Gipfel, des waar da Gipfel!

Hansi: *Lacht.* Genau! Konn i bläd fragen! Dass etza i so bläd bin!

Bauer: Ja, do hast du scho immer a Begabung ghabt dafür! Und gell, Hansi: Schau, dass de Reihen schee regelmäßig san und komplett! Ned dass an Weihnachten a Bsuach kimmt und denkt sich: „Kruzenäsn, hamm de a verhaude Stauern!" Im ganzen Dorf wirdma ausgricht, wenn am Christbaam a Reih fehlt! Manche sagen, des bringt des ganze naxte Jahr Unglück!

Hansi: Des waar ned guat.

Bauer: Genau, des waar schlecht! Und darum: Suach den Baam in Ruhe aus, lass dir Zeit! Dua ned hudeln!

Hansi: Jawoll, Papa! In der Ruhe liegt die Kraft! Und wo soll i den Baam holn?

Bauer: Bläde Frage! Du kennst doch unsern Wald – de zwölf Hektar am Schinderbuckel?

Hansi: No freilich kenn i den, i war doch scho oft dabei bei da Waldarbeit! In unsern Wald am Schinderbuckel, do stehen ganz scheene Tannen!

Bauer: Genau! Und aus DEM Wald, do holst du den Christbaam auf keinen Fall!

Hansi: Aha! Soll i dann den Baam vom Nachbarn sein Wald holn? Weil der waar glei neben unsern Wald.

Bauer: Du bist gar ned so dumm, wia du ausschaust!

Hansi: *Stolz:* Gell!

Prompte Wunscherfüllung

Sepp: Und? Weihnachten guad überstanden?
Kare: Jaja, alles im grünen Bereich! Aa körperlich!
Sepp: Körperlich? Wia moanst des etza?
Kare: Seit dass i mi beim Essen am Heiligen Abend zammreiß, gehts mir an de Feiertage viel besser vom Gefühl her. Früher hob i ja teilweise gmoant, mi zreißts!
Sepp: Ehrlich?
Kare: Wennes dir sog! I hob ja früher am Heiligen Abend eineghaut wia d'Sau, um es salopp zu sagen: zwoa Paar Wiener, zwoa Paar Pfälzer, zwoa Paar Weißwürscht und zwoa Paar Debrecziner!
Sepp: Ja mi host ghaut! Dann is koa Wunder ned, dass du moanst, di zreißts!
Kare: De Würscht waarns ned gwen, owa des Kilo Sauerkraut als Sättigungsbeilage, des hod rumort inwendig!
Sepp: Des glaub i dir sofort! Und etza?
Kare: Etza iß i bloß no a Pfund Kraut und siehe da: keine Probleme mehr!
Sepp: Logisch, weil a Pfund is koa Kilo ned!
Kare: Du sagst es! Selbstdisziplin macht sich bezahlt! Owa woaßt, wos mi heuer an Weihnachten nachdenklich gmacht hod?
Sepp: Wos denn?
Kare: I bin etza no direkt verwirrt! Wenn oan sowos passiert wia mir, dann könntma direkt wieder ans Christkindl glauben!
Sepp: *Lacht.* Etza geh, erzähl koan Schmarrn! Christkindl! In deinem Alter! Man glaubt ans Christkindl mit 5 Jahrn, owa doch ned mit 63!
Kare: Genau mei Alter war der Grund, warum des passiert is!
Sepp: Etza dua ned so geheimnisvoll! Wos is denn passiert?
Kare: I sog am Heiligen Abend zu da Hildegard: „Hildegard, des schönste Weihnachtsgschenk is, dass es uns in unserem Alter no so guad geht! I hätt bloß oan Wunsch

	ans Christkindl: Dass d'Zeit stehbleibt und nimmer weitergeht!"
Sepp:	Do host du recht! Des waars!
Kare:	Und ob du es glaubst oder ned: Genau in dem Moment rutscht der Nagel aus da Wand außa, wo de Uhr dranhängt und de Uhr is hi! Voll stehblieben, wia i mir des gewünscht hob praktisch.
Sepp:	Direkt unheimlich!

Meine speziellen Grüße

Die Weihnachts- und Neujahrswünsche sind vielfältig, die Gesundheit steht meistens zu Recht an erster Stelle, gefolgt von der Besinnlichkeit und dem Glück. Wobei oft das Glück wichtiger ist als die Gesundheit, denn die armen Menschen auf der tragisch-legendären Titanic waren vermutlich alle gesund, aber Glück hatten sie keines! Ebenso vielfältig wie die Wünsche sind auch die Empfänger der Wünsche: der/die Partner/in, der Papa, die Mama, die Oma, der Opa, die unverheiratete und kinderlose, aber vermögende Erbtante, manchmal sogar der gemütliche Nachbar oder die attraktive Nachbarin, um nur einige Beispiele zu nennen.

Ich habe mir gedacht, man könnte doch auch einmal Grüße für die formulieren, die normalerweise aus den verschiedensten Gründen keine erhalten. Hier einige Personen und Institutionen, denen ich heute ganz speziell ein frohes Fest, einen guten Rutsch und ein gutes neues Jahr wünschen möchte – selbstverständlich in Reimform!

Na gut, dann grüßen wir mal

Das Finanzamt
Es wird a kleine Weihnachtsfeier,
schuld dran is: I zahl z'viel Steier!
Ich fürcht', es wird auch nächsts Jahr deier,
wahrscheinlich deierer noch als heier!
Liebes Finanzamt, ich wünsch mir, dass du nie vergisst,
dass Geben seliger als Nehmen ist!
Wenns Null auf Null ausginge, wärs schon recht,
a Steuerrückerstattung wär auch nicht schlecht!
Das war schon letztes Jahr mein Wunsch gewesen,
wahrscheinlich hast ihn nicht gelesen.
Trotzdem: Frohes Fest und naxts Jahr Glück!
Und: Halt dich steuerlich zurück!

Die Feuerwehr
Wenns brennt, dann kimmt daher
mit tatütata die Feierwehr!
Und wenn a Ölspur d'Straß verschmiert
wird sie von euch weggekihrt.
Dann wird der Dreg noch aufgeraamt
und des alls im Ehrenamt!
Wenn a Katz am Baum om sitzt,
wird sie tapfer runtergspritzt!
Ja, auch jedem Wespennest
gibt die Feierwehr den Rest.
Drum ein frohes Fest und auch
im neien Jahr an feuchten Schlauch!

Den Nachbarn
Ein Jahr hättma wieder gschafft
trotz komplizierter Nachbarschaft.
Wos war auch dieses Jahr der Grund?
Genau: eier bläder Hund!
Er hat mein Gartentürl z'bissen
und davor noch hingesch…
Ein Pfund war's sicher, vermutlich mehr,
ich sag nur: Wie der Herr, so's Gscherr!
Das alte Jahr ist nun vorüber,
ohne Hund wärt ihr mir lieber.
Frohes Fest und recht viel Glück,
im neuen Jahr sch… ich zurück!

Das Callcenter
Immer wenn ich es nicht brauchen kann,
dann ruft ihr Idioten an,
drängt mir einen Blödsinn auf,
den ich dann sowieso nicht kauf,
und stehlt mir bei der Gelegenheit
meine eh beschränkte Zeit!
Neulich saß ich auf dem Klo,
da rieft ihr schon wieder o!
Minutenlang quältet ihr mein Ohr,
drum hab ich im neuen Jahr was vor:
Ich zünd am Hörer einen Böller,
dann geht's Gespräch wahrscheinlich schnöller!

Das Dschungelcamp
Und wieder hab ich euch zugeschaut,
und wieder hat es mir gegraut,
wie ihr gegessen habt den Arsch vom Gnu
und den Hoden vom Känguru dazu,
auch des Warans Geschlechtsgerät
habt ihr Deppen nicht verschmäht,
hinuntergschwoabt mit Stinkfruchtbier
und mit Urin vom Gürteltier.
Ich bin dumm, dachte ich immer,
doch es geht noch deutlich dümmer!
Das habe ich durch euch eingesehn,
drum frohes Fest und dankeschön!

Den Hausarzt
Das alte Jahr verging im Nu,
die Zeit nahm ab, ich wieder zu.
Sie sagten mir beim Gsundheitscheck,
zum Großteil bestünde ich aus Speck,
ich hätte Mangel an Vitamin,
und viel zu viel Cholesterin!
Und zu allem Überfluss
hab ich einen Senk-Spreiz-Hakenfuß!
Aus dieser traurigen Tendenz
zieh ich folgende Konsequenz:
Im neuen Jahr lass ich vieles weg,
zu allererst den Gsundheitscheck!

Den Stammtisch
Heidewitzka, hoch die Tassen,
wieder ein Jahr, nicht zu fassen!
Was hatten wir für einen Spaß,
bei Schnaps und Wein und mancher Mass!
Kumpel, Freunde, Stammtischbrüder,
ich mein es heut und immer wieder:
Ehrlich gsagt, ganz im Vertrauen,
schöner ist es ohne Frauen!
Denn nur wir, die Männer,
sind gaudimäßig wahre Kenner!
Niemals lobe ich mein Wei,
es sei denn, sie is dabei!

Den Wetterbericht
Was reimt sich auf „hat gelogen"?
Genau, die Meteorologen!
Ich weiß es noch ganz genau:
Am Ende von der Tagesschau
habt ihr gesagt die Nacht wird lau
und der Himmel morgen blau.
Dann hats gehagelt wie noch nie
und meine Windschutzscheim war hi!
Das Auto hab ich draußt platziert,
in der Garage wär nix passiert!
Naxts Jahr stelle ich in Frage
jede Wettervorhersage!

Wer kennt sie nicht, diese Situation – man ist stolzer Opa oder stolze Oma und will den Enkeln eine Geschichte erzählen. In bester Absicht hat man sich im Kopf etwas zusammengereimt, was halbwegs einen Sinn ergibt, um die Fantasie des Nachwuchses anzuregen und sie vom dümmlichen und verwirrenden Fernsehprogramm wegzulocken. Nicht bedacht hat man allerdings das angeborene Mitteilungsbedürfnis von Kindern im Vorschulalter. Später werden sie ja schweigsamer, die Schrazen bzw. die Gfrieser, wie wir den Nachwuchs in bestimmten Gegenden Bayerns liebevoll nennen. Manche werden sogar verstockt, jedes Wort muss man ihnen aus der Nase ziehen. Aber ein Kindergartenkind hat viel Interessantes und auch weniger Interessantes zu berichten. Und das fordert bzw. überfordert die Aufmerksamkeit des erzählenden Großelternteils bisweilen. Auch im folgenden Fall:
Die Oma passt auf die Enkel Luis (5) und Lisa (4) auf, weil deren Eltern eine kurze private Adventsfeier bei Freunden besuchen. Die Oma hat sich gut auf den Abend vorbereitet und eine tolle adventlich-weihnachtliche Geschichte auf Lager, aber der Erzählfluss wird im Verlauf der Geschichte immer holpriger, denn beide Enkel haben ein enormes Mitteilungsbedürfnis, was zu einem unbefriedigenden Ende führt, denn

Oma wird ausgebremst

Oma: Des is scho wos Schönes, gell! Wennma an einem kalten Winterabend ...

Luis: Aber es is ja ned kalt, Oma! Gestern hat der Papa auf der Terrasse gegrillt.

Oma: Ja, do hast du aa wieder recht! Es is nimmer wie früher. Früher wars kalt im Winter! Des is des H_2O in der Luft oder wia des hoaßt. Do wirds allaweil wärmer. Am Fernseh is kema, dass sogar die Eisbären schwitzen, so weit samma scho! Aber trotzdem: Es is wos Schönes, wennma an einem Winterabend in der warmen Stube am Kanapee sitzt ...

Lisa: Wo?

Oma:	Am Kanapee!
Lisa:	Wo is denn des?
Oma:	*Verwirrt:* Des is da, da wo mir drei etza sitzen!
Lisa:	Aber wir sitzen ja aaf der Couch!
Oma:	Des is ja dasselbe! Zu Couch konn man aa Kanapee sagen! Früher hod man des immer gsagt! Wie i kloa war, hod kein Mensch a Couch kennt, bloß a Kanapee!
Luis:	Is des dann in der Höhle gestanden?
Oma:	*Verständnislos:* Höhle? Wos für a Höhle?
Luis:	Wie du a Kind warst, hats da schon Häuser gegeben?
Oma:	Ja natürlich hats da Häuser geben! Ja sag amal, sooo alt bin i aa wieder ned! *Kopfschüttelnd:* Höhle! I glaub, i spinn! Auf jeden Fall erzähl i eich heit a ganz a schöne Geschichte, a weihnachtliche!
Lisa:	Und einen Fernseh?
Oma:	Fernseh? Wie moanst etza des?
Lisa:	Hats einen Fernseh gegeben, wie du klein gewesen bist?
Oma:	Naa, an Fernseh hats ned geben! Bloß an Radio, und der war scho des Nonplusultra!
Luis:	Was war der?
Oma:	Ach nix, des is etza zu kompliziert!
Lisa:	Ja, aber was is denn dann im Wohnzimmer gestanden auf dem Fernsehschrank?
Oma:	Nix! Weil mir hamm ja keinen Fernsehschrank ned ghabt! Mir hamm ned amal a Wohnzimmer ghabt, bloß a Stube! Da warn alle drin!
Luis:	Die Kühe aa?
Oma:	Die Kühe natürlich ned! An Stall hamma scho ghabt! Aber sunst bloß a Stube.
Luis:	Wahnsinn! Warts ihr sooo arm wie die Menschen in Afrika? De hamm bloß ganz kleine Häuser aus Kuh-Aa-Aa! War euer Haus auch aus Kuh-Aa-Aa?
Oma:	Kuh-Aa-Aa? Natürlich ned, Ziegelstoana hods bei uns scho gegeben. Owa des is jetza wurscht, auf jeden Fall hamm mir koan Fernseh ghabt und koan Fernsehschrank in der Stube.

Lisa:	Dann warts ihr also doch arm wie die Menschen in Afrika?
Oma:	Naa, des hat doch mit Armut nix zum dua! Damals hats einfach bei uns no koan Fernseh geben!
Luis:	Habts ihr dann alle Filme am Computer anschauen müssen?
Oma:	*Lacht.* Also Luis, du bist mir vielleicht oaner! Natürlich ned, an Computer hats erst recht ned geben!
Luis:	*Grübelnd:* Wo habts denn ihr dann Spongebob angeschaut?
Oma:	Wer is denn des?
Lisa:	Des is a Schwamm, der wohnt im Meer!
Oma:	Um Gottes willen! Eine verrückte Welt! Zu meiner Zeit hod da Schwamm im Klassenzimmer gwohnt und man hod mit eam die Tafel abgwischt, heit wohnt da Schwamm im Meer! Naa, bei uns hods Filme nur im Kino geben! „Das Schweigen im Walde" oder „Sissi"! Von an Schwamm hodma damals nix ghört oder gsegn!
Luis:	*Fasziniert von der antiken Welt der kindlichen Oma:* Wahnsinn!
Oma:	*Schwärmerisch:* Gell! Ja, des war unsere Kindheit und unsere Jugend! Schee wars scho, aa ohne Schwamm! Aber etza redma nimmer über die alten Zeiten, de san vorbei! Etza erzähl i eich a Geschichte! Do gehts um Weihnachten! Und ums Jesukindlein! Wissts scho, des heilige Baby in der Krippe.
Lisa:	Des Fräulein Wieser kriegt a Baby!
Oma:	*Verwirrt:* Wos? Wer?
Lisa:	Des Fräulein Wieser kriegt a Baby!
Oma:	Wieser ... Wieser ... kenn i ned. Wer is nacha des?
Luis:	Kennst du des Fräulein Wieser ned? De kennt doch jeder! De is voll cool!
Oma:	Mensch Meier, wer is denn des?
Lisa:	Des is doch unser Kindergartenfräulein!
Oma:	Achsoooo! Woher soll i de kenna? I geh ja ned in den Kindergarten!

Luis:	*Lacht.* Da bist du viiiiel zu alt!
Oma:	*Lacht auch.* Des kannst laut sagen!
Lisa:	D'Mama hat aber gesagt, die Oma ist manchmal wie a kleines Kind!
Oma:	Ehrlich? Hats des gsagt? Naja, konn sei! Auf jeden Fall erzähl i eich etza a Geschichte!
Luis:	Des Fräulein Wieser war erst dünn, etz is dick!
Oma:	Des is klar, weils schwanger is!
Lisa:	*Grinsend:* Die hat fei keinen Mann ned, bloß an Freund! Und der holts manchmal vom Kindergarten ab und dann gibt er ihr a Bussi und drum kriegt sie ein Kind!
Oma:	Schau her, wos du alles woaßt! Genau so ähnlich lafft's!
Luis:	Oma, wenn i dir a Bussi gib, kriegst du dann aa a Kind?
Oma:	*Lacht.* Bestimmt ned! Wennma so alt is, kriegtma koa Kind mehr!
Lisa:	Wennma jung is, scho.
Oma:	*Schwärmerisch:* Genau, dann scho! Wie i jung war, hod mir der Opa a Bussi geben und dann hob i a Kind kriagt.
Luis:	Igitt! Vo so an alten Mann hast du dir a Bussi geben lassen! Pfui, Oma!
Lisa:	*Schüttelt sich angewidert.* Bääähh!
Oma:	Dummerle! Da Opa war doch damals aa jung! Der war doch ned scho immer alt!
Lisa:	Achso! Und hat der früher aa scho nach Knoblauch gschmeckt?
Oma:	Ach wo, früher hod er no guat gschmeckt, nach Sägespäne und nach Leim, weil er war a Schreiner! Nach Bier und Zigaretten sowieso! Owa des is jetza wurscht, jetza erzähl i eich mei Gschicht! De is echt spannend! Also: Vor über 2000 Jahren ...
Luis:	Da war der Opa no jung und du aa!
Oma:	Naa Luis, no viiiel früher, do hats den Opa und mi no ned geben!
Luis:	Dann is des aber scho ganz lang her!
Oma:	Ganz, ganz lang! Da war amal a Mann, der hod Josef geheißen.

Lisa:	*Hält der Oma ihre ziemlich ramponierte Stoffpuppe vor die Nase.* Mei Puppe heißt Bumpl!
Oma:	Bumpl? Des is aber a komischer Name für a Puppe. Warum hoaßt de Bumpl?
Luis:	*Lacht und schüttelt amüsiert den Kopf.* Bumpl!
Lisa:	Einmal waren bei uns dem Papa seine Freunde zu Besuch und dann habens mit Karten ein Spiel gespielt, das heißt Schafkopf. Und ich bin auf der Couch gesessen und habe mit der Puppe gespielt und da hat die Puppe noch Pipi geheißen, weil sie rote Haare hat.
Luis:	*Grinsend:* Pipi sagt man aber auch zum Bieseln, du Doofi!
Lisa:	*Trotzig:* Das weiß ich schon!
Oma:	Sag nicht Doofi zu deiner Schwester! Und außerdem ist Pipi ein schöner Name! Und es gibt ganz berühmte Pipis, des Langstrumpf-Deandl zum Beispiel. Und wieso heißt Pipi jetzt Bumpl, Lisalein?
Lisa:	Einer vom Papa seinen Freunden hat gesagt: „Ich spiele mit der Bumpl!" Dann habe ich gesagt: „Ich spiele mit der Pipi!" Dann hat der Freund vom Papa zu mir gesagt: „Sehr schön! Aber wenn man mit der Bumpl spielt, kann man ein Geld gewinnen! Wenn man mit der Pipi spielt, nicht!" Da habe ich gesagt: „Ab sofort heißt Pipi Bumpl!" Dann haben alle gelacht und seitdem heißt meine Puppe Bumpl. Ich spiele oft mit ihr, aber ein Geld habe ich noch nicht gewonnen.
Oma:	*Lachend:* Omei, Lisalein! Du bist mir oane! Owa etza kimmt mei Geschichte! Also, der Josef, der hod a Frau ghabt, die hod Maria gheißen.
Luis:	Mir hamm einen neuen Bub im Kindergarten, der heißt al Kedr. Der ist voll nett!
Oma:	Toll! Owa etza lass mi bitte mei Geschichte erzähln!
Luis:	Wo der herkimmt, da schneibt es nie! Und regnen tut es aa nie! Da sind die Leute so arm, die hamm ned amal ein Wetter! Die hamm nix! Bloß Öl.
Oma:	Segst, und in so einem armen Land hamm der Josef und sei Maria aa gelebt vor 2000 Jahren!

Lisa:	Oma!
Oma:	Ja, wos is?
Lisa:	Mich dürscht!
Oma:	Jessas na, etza dürscht di! Dann hol dir wos zum trinken!
Lisa:	Und was?
Oma:	Wos woaß i – hol dir wos ausm Kühlschrank, wos dir schmeckt!
Lisa:	Aber des is alles so kalt!
Oma:	Dann hol dir wos aus der Speis!
Lisa:	A Bier?
Oma:	Doch koa Bier!
Lisa:	Aber in der Speis is bloß a Bier.
Oma:	*Genervt:* Ja Mensch Meier! Dann hol dir an Saft aus dem Kühlschrank und dua a warms Wasser eine!
Luis:	*Zu Lisa:* Doofi du!
Lisa:	Selber! *Holt sich ein Glas Saft aus dem Kühlschrank und kommt damit zurück.*
Oma:	Und des warme Wasser?
Lisa:	Etza trink i den Saft doch kalt, weil warm ist er zu warm!
Oma:	Also guad! So, und etza gehts weida. Wo warma?
Luis:	Auf der Couch!
Oma:	Naa, i moan, mit meiner Weihnachtsgeschichte!
Lisa:	Ein Mann hat Josef gheißen!
Oma:	Ja genau! Dem sei Frau, die Maria, die war schwanger!
Luis:	I muss bieseln!
Lisa:	Hihi! I trink einen Saft und du musst bieseln!
Oma:	*Nach wie vor genervt:* Etza muass der bieseln! Des is doch unmöglich!
Luis:	Doch, des is möglich!
Oma:	Ja, dann geh! I wart, bis du wieder da bist!

Luis geht flotten Schrittes Richtung Toilette, Lisa und Oma bleiben zurück.

Lisa:	Im Kindergarten muass fei der Luis aa immer bieseln!
Oma:	A geh? So jung und scho a schwache Blase!

Lisa:	*Verständnislos:* Was?
Oma:	Ach nix! Dann is also eier Kindergartenfräulein schwanger?
Lisa:	*Grinsend:* Ja, und ihra Freund gibt ihr immer no a Bussi, obwohl dass sie eh schon schwanger is!
Oma:	So ein Hundling! Wos alles gibt!
Lisa:	Was?
Oma:	Nix, passt scho! *Kurze Verlegenheitspause.* Und, gfallts dir im Kindergarten?
Lisa:	Schon!
Oma:	Wann kimmst jetza du in d'Schul?
Lisa:	Noch zwei Jahre!
Oma:	Aha! *Mit erhobenem Zeigefinger:* Dann beginnt der Ernst des Lebens!
Lisa:	Naa, die erste Klasse beginnt dann!
Oma:	Ja, des is scho klar! Man sagt halt aso, dass da der Ernst des Lebens beginnt! Etza wirds Zeit, dass der Ander vom Bieseln kimmt!
Lisa:	Aber der Luis is doch beim Bieseln, ned der Ander!
Oma:	Jaaa, des woaß i scho! Des sagt man aso! Etza kimmt er ja! Und Luis, hast schön gebieselt?
Luis:	*Seltsam ängstlich, fast panisch:* Naa!
Oma:	Wos „naa"? Ned? Ja, warum denn ned? Host ned kinnt? Wars a Fehlalarm?
Luis:	Da is a Spinne!
Lisa:	*Geschockt:* Wo? *Zieht sofort ihre Beine vom Boden hoch.*
Luis:	Am Klo am Boden bei der Kloschüssel, da is a Spinne.
Oma:	Da brauchst doch koa Angst ned haben! A Spinne tut doch nix! Im Gegenteil: De frisst Milben und anderes Ungeziefer!
Luis:	*Noch panischer:* Milben? Sind die böse und sind die aa im Bad drin?
Lisa:	Bitte Oma, mach sie tot!
Oma:	A geh! De arme Spinne!

Luis:	Mach sie tot, sonst biesel i in die Hose! Weil i kann ned, wenn im Klo a Spinne is! Weil die hüpft dann hoch und beißt mich ins Zipferl!
Lisa:	*Kichert:* Du hast Zipferl gesagt!
Luis:	*Weinerlich:* Doofi! *Drängend:* Omaaa, biiiitte! Geh ins Klo und machs tot!
Oma:	Eigentlich wollt i eich doch a Weihnachtsgeschichte erzählen!
Lisa:	Machs erst tot, dann erzählst uns die Geschichte!
Oma:	Wirklich? Die arme Spinn'?
Luis:	Sonst biesel i in d'Hose!
Oma:	*Frustriert:* Na guad, dann gema halt ins Klo und machma de Spinne tot, dass a Ruah is! *Steht mühsam auf und geht ins Klo, begleitet vom inzwischen sehr unter Druck stehenden Luis und der schaurig-neugierigen Lisa.* Und? Wo is denn, de Spinn?
Luis:	Da! Neben der Kloschüssel! *Deutet ängstlich nach unten.*
Oma:	Wo?
Luis:	No da! *Deutet mit zittrigen Händen erneut neben die Kloschüssel.* Bittebitte schnell, Oma, i muss so dringend!
Oma:	*Lacht.* Des da? Des graue?
Luis:	Ja des! Machs tot!
Oma:	Des is doch koa Spinne! Des is a Fluserl!
Lisa:	Was is des? Des Tier kenn i ned!
Oma:	Des is a koa Tier ned! Des is a Fluserl! Wollmaus konnma aa sagen dazua!
Luis:	A Maus? Dann is ja doch a Tier!
Oma:	Naa, koa Tier! Des is a Fluserl! Des san so Staubdinger, Fluserln halt! De kannma mitm Staubsauger einfach wegsaugen!
Luis:	Saugs weg!
Oma:	Do brauch i doch jetza koan Staubsauger! De Wollmaus nimm i mit der Hand und schmeiß in d'Kloschüssel und weg is!

Oma nimmt die Wollmaus, wirft sie in die Kloschüssel, spült und das vermeintliche Spinnenproblem ist gelöst. Fasziniert haben die Kinder die Entfernung des Monsters, das keines war, verfolgt.

Lisa: Super!
Luis: Ja, toll, Oma! Und etza gehts bitte beide auße, weil i muss ganz dringend!

Oma und Lisa verlassen das Klo und Luis erledigt, was sein muss. Danach kehrt er wieder zurück auf die Couch.

Oma: So, hammas etza endlich?
Luis: Ja!
Oma: Also, dann erzähl i eich die spannende Weihnachtsgeschichte!
Lisa: Oma, was is eine Silbe genau?
Oma: Wos?
Lisa: Eine Silbe – was ist das?
Oma: A Silbe? Wia kimmst jetza aaf a Silbe?
Lisa: Weil du hast doch gesagt, die Spinne frisst Silben!
Oma: Milben! Milben frissts!
Lisa: Und was ist eine Milbe?
Oma: A ganz a kloans Tier, wia a Bazülln!
Luis: Wie was? Bazülln? *Lacht.* Is des a komisches Wort! Bazülln!
Oma: Des is jetza total wurscht! Etza passts bitte auf, weil etz erzähl i eich die spannende Gschicht! Also, die Maria, die war schwanger!
Lisa: Wieso?
Oma: Jamei, de war halt schwanger, des kimmt vor!
Luis: Hat ihr der Johann a Bussi gegeben?
Oma: Wer?
Luis: Du hast doch gesagt, das ihr Mann Johann geheißen hat.
Oma: Josef, ned Johann! Josef hat der ghoaßn!
Lisa: Und der hat der Maria a Bussi gegeben!

Oma:	Hm ..., in dem speziellen Fall war des a bissl komplizierter! Eigentlich hat ihr der Heilige Geist a Bussi gegeben!
Lisa:	*Entsetzt:* Wer???
Luis:	A Geist????
Oma:	Des is etza wurscht!
Lisa:	Nein, des ist ned wurscht! A Geist ist doch unsichtbar!
Luis:	Und gruselig! *Schüttelt sich angewidert.* Bähhh, von einem Geist möchert ich kein Bussi ned kriegen!
Oma:	*Leicht verzweifelt:* Hätt i bloß nix gsagt von dem Heiligen Geist! Sagen wir einfach, der Josef hod ihr a Bussi gegeben und aus!
Luis:	Und der eilige Geist?
Oma:	Heilig, ned eilig! Owa des braucht eich ned interessiern! Der Josef wars und aus!
Luis:	Der Frimper Flori hat gesagt, dass er gemeint hat, bei denen am Dachboden is ein Geist!
Oma:	*Irritiert:* Wer hod des gsagt?
Lisa:	Der Frimper Flori, der ist bei uns im Kindergarten! Der ist voll dick!
Luis:	Der hat in seinem Brotzeitschachterl immer einen Bienenstich drin und eine Presssacksemmel. Und er is erst fünf!
Oma:	Dann wundert mi nix!
Luis:	Und der hat gemeint, auf dem Dachboden ist ein Geist, und zwar ein eiliger Geist! Weil der ist in der Nacht immer hin- und hergelaufen und das hat man gehört!
Oma:	A geh! Und?
Luis:	Das war a Marder!
Oma:	Aha! Des san richtige Hundskrippln!
Lisa:	Was?
Oma:	Egal! Etza erzähl i mei Gschicht weida!
Luis:	*Spitzt die Ohren:* I hör was!
Lisa:	Ich auch!
Oma:	I hör nix!
Lisa:	Doch! *Freudig, da man das Aufsperren und Öffnen der Haustüre hört:* Mama und Papa kommen!

Beide Kinder springen auf und laufen in den Hausflur, um die Eltern zu begrüßen. Die Oma bleibt alleine mit ihrer unerzählten Geschichte auf der Couch zurück.

Mama: Ja hallo, ihr beiden! Und? Alles in Ordnung? Habt ihr schön mit Oma gespielt?

Lisa: *Es sprudelt aus ihr heraus:* Oma hat eine Maus ins Klo geworfen und Luis hat gemeint, es ist eine Spinne, die wo Silben frisst, und er hat nicht bieseln können, aber dann schon. Und der Marder vom Frimper ist ein ...

Luis: Hundskrippl! Und Maria ist schwanger, aber das Bussi war nicht vom eiligen Geist, sondern vom Johann!

Mama: *Verwirrt:* Ja um Gottes willen, was in der kurzen Zeit alles passiert is! Des müssts ihr mir dann später no alles erzählen! Und Oma, warns brav, de beiden?

Oma: Scho. Owa früher war alles einfacher!

Na dann Prost

Sepp: Und Kare? D'Feiertage guad umebracht?
Kare: Jaja, hod scho passt. Des Übliche halt: zu viel gessn und zu wenig bewegt! I hob mi am Abend vom zwoatn Weihnachtsfeiertag gfühlt wia a Luftballon! Am Zreißn! Furchtbar!
Sepp: Ja, des kenn i! Man nimmt sich allaweil vor, dassma sich zammreißt. Owa de Gans, de Plätzln und des ganze Zeig, des is halt einfach so guad!
Kare: Des is ja des! Aaf jeden Fall hamm mir beschlossen, dass mir dem Opa a neie Brilln kaffa! Des wird sei Weihnachtsgeschenk für naxts Jahr!
Sepp: A neie Brilln? Wia des?
Kare: Weil mir hamm eam am ersten Feiertag bsuacht und eam und da Oma natürlich a Kleinigkeit als Geschenk mitbracht. Und gestern ruaft er o und bedankt sich für de Geschenke. Da Oma hod der Eierlikör ganz guad gschmeckt, hod er gsagt, sie hod scho mindestens fünf Stamperln trunka. Und der Schnaps, den wo mir eam gschenkt hamm, is aa ned schlecht. Owa gscheit rass is er, er kratzt direkt im Hals und a bissl weng is er aa. Aso a kloans Flascherl bloß.
Sepp: Warum habts eam denn dann bloß aso a kloans Flascherl gschenkt?
Kare: Weils a Rasierwasser war.

Der Hobbypoet

Rosi: Prösterchen, Resi! Schee, dass mir uns wieder mal treffa aaf a Proseccerl!

Resi: Genau, Rosi! Prost, auf die Freundschaft!

Rosi: I find des sooo toll, dass mir etza scho über 20 Jahre beste Freundinnen san.

Resi: Seit da Realschul scho!

Rosi: *Schwärmerisch:* Jaaa! Und etza samma verheiratet und unsere Kinder san scho aus der Schul! Mei, wia die Zeit vergeht!

Resi: Unglaublich! Und unsere Männer!

Rosi: Wia moanst jetza des?

Resi: An denen hat der Zahn der Zeit aa genagt!

Rosi: Naja, direkt genagt hat er an meinem Gatten ned! Weil sonst waar er ned so auseinanderganga! Mein Kurt hod der Zahn der Zeit eher aufgeblasen!

Resi: *Lacht.* Do hast aa wieder recht. Ganz schee propper, dei Kurt!

Rosi: Owa ehrlich! I wenn eam vergleich mit dem Kurt, den i gheirat hab: Gewicht kräftig im Plus, Haare im totalen Minus!

Resi: Owa nett is er!

Rosi: Scho, i konn mi ned beschwern! Und stell dir vor: Seit Neuestem is da Kurt a Dichter!

Resi: Ehrlich? A Dichter?

Rosi: Wennes dir sag! Zu Weihnachten hat er mir a Gedicht gschenkt!

Resi: A kostengünstiges Geschenk! Is er so geizig?

Rosi: Naa, do muass i eam in Schutz nehma! Mir hamm scho vor Jahren ausgmacht, dass mir uns an Weihnachten nix mehr schenka, weilma eh alles hamm!

Resi: Aahh ... ok, dann is a Gedicht in Ordnung! Wars romantisch?

Rosi: Naja, ned direkt! Owa er hat sich Mühe geben. Mei, koa professioneller Dichter is er ned.

Resi:	Eher a Hobbypoet?
Rosi:	So konnmas sagen! Da Goethe oder da Wilhelm Busch san natürlich gega eam Profis!
Resi:	Etza machs ned so spannend – wos hat er dir denn gedichtet?
Rosi:	Losganga is so: „Die Zeit vergeht so schnell, schon wieder kimmt das Christkindell!"
Resi:	Nicht schlecht! Ned grad genial, owa nett! Und weida?
Rosi:	„Wir schenken uns keine Gaben, weil wir eh schon alles haben! Aber Rosi, verzage nicht, denn heier kriegst du ein Gedicht!"
Resi:	Schauna an, den Kurt!
Rosi:	*Stolz:* Gell!
Resi:	Wirds etza dann romantisch?
Rosi:	Naja, vorerst eher kulinarisch …
Resi:	Kulinarisch? Do bini gspannt! Erzähl – wia gehts denn weida?
Rosi:	„Am Heiligen Abend sitzen wir, du bei Schorle, ich bei Bier, um den Weihnachtsbaum herum und schauen erstmal dumm!"
Resi:	Naja, des Gelbe vom Ei is des fei ned!
Rosi:	Owa er bemüht sich! Und es geht ja weida: „Dann stehst du auf, gehst in die Küch, holst Wienerwürscht für düch und müch!"
Resi:	Um Gottes willen, etz wirds owa krass! Düch und müch! Klingt fast a bisserl türkisch, Wahnsinn!
Rosi:	*Grinst.* Wird no besser! Owa erst ein Prösterchen!
Resi:	*Erhebt das Proseccoglas:* Genau! Aaf deinen Hobbypoeten! *Sie trinken einen Schluck auf Nebenerwerbsdichter Kurt.* Und etza weida, i bin direkt gspannt!

Rosi:	„Wienerwürstel schmecken mir,
	drum ess ich acht und du nur vier!
	Von der Kartoffel ein Salat
	ist die bekömmliche Zutat.
	Und dazu gibt es für uns zwey
	den süßen Senf von Develey!"
Resi:	Man merkt scho, das er gern isst!
Rosi:	Oh ja! Aa siaße Sachen, de hod er aa poetisch erwähnt.
Resi:	Des Dessert praktisch?
Rosi:	Genau! So is weidaganga:
	„Danach gibt es für mich
	von der Biene einen Stich,
	aber nicht vom Tier mit Stachel,
	sondern vom Konditor Bachel!
	Und du erfreust dich dann
	an Erdäpfeln aus Marzipan.
	Dazu gibts einen Cappuccino
	aus unserer Kafämaschin' no!"
Resi:	Der hat fei direkt a Talent, immer a passender Reim! Ned direkt genial, owa aa ned direkt schlecht!
Rosi:	A gewisse Romantik is ganz zum Schluss kema!
Resi:	Echt etz?
Rosi:	Ja! Direkt a bissl sexuell!
Resi:	Erzähl!
Rosi:	Also, zerst is da offizielle Schluß kema:
	„Nach dem Käfa wird Fernseh gschaut
	bis es uns die Augn zuahaut!"
Resi:	*Gespannt:* Okeeee ... und dann?
Rosi:	Dann hat er gschrieben:
	„Danach gehen wir ins Bett
	und machen es uns richtig nett.
	Ich sage zu dir ‚liebe Maus,
	zieh dich bitte sofort aus!
	Ich will dich nun mit was betören,
	da würd' der Schlafanzug nur stören!'"

Resi:	Wow! Da Kurt! Hätt i eam ned zugetraut, diese absolute Erotik!
Rosi:	Naja, so absolut wars dann doch ned! De letzten vier Zeilen hamms wieder relativiert!
Resi:	Und wia warn die letzten vier Zeilen?
Rosi:	„Für unsere private Weihnachtsfeier ist mir wirklich nichts zu deier! Ich hab ein Trüffeleis gekauft zum Schlecken, wenns tropft, gibts am Pyjama Flecken!"
Resi:	Na toll! Prösterchen!

Viele Dinge haben sich geändert in den letzten Jahren und Jahrzehnten, die Länge der Haare und der Röcke gleich mehrmals nach oben und unten. Geschrumpft ist zweifelsohne der Respekt vor Autoritäten jeder Art, gewachsen ist die Bürokratie in allen Bereichen. Wobei das Wort „Bürokratie" eher noch schmeichelhaft ist, der Begriff „Irrsinn" wäre in manchen Fällen eher angebracht. Ich möchte beispielhaft den vielfältigen Komplex der schulischen Veranstaltungen herausgreifen, hierbei insbesondere den gemeinsamen Wintersport. Mangels pädagogischer Ausbildung bin ich kein Experte auf diesem Gebiet. Da ich aber mehrere Lehrer/innen in meinem Bekanntenkreis habe, die mir teils haarsträubende Dinge berichten, und da ich ja selber jahrelang Schüler war, bin ich nicht mit totaler Ahnungslosigkeit geschlagen. Also, auf gehts in den Schnee, der in unserer Höhenlage zwar selten geworden ist, im vorliegenden Fall aber die Landschaft mit einer flauschigen weißen Schicht verzaubert hat. Da muss man raus, damit die bleichen Gesichter der Kinder durch die frische Winterluft eine gesunde Farbe kriegen. Das gilt heute und das galt in meiner Schulzeit. Es war eine Freude und ein begeistertes Gejohle, als es damals hieß

Die Klasse 3b fährt Schlitten

Schreiben des Lehrers an die Eltern vor 50 Jahren:

„Liebe Eltern,
*die Klasse 3b macht übermorgen eine kleine Winterwanderung. Wir treten uns gemeinsam eine Rodelbahn beim sog. „Schinderbuckel" und genießen dann beim fröhlichen Hinuntersausen das herrliche Winterwetter! Bitte ziehen Sie Ihr Kind warm an und geben ihm einen Schlitten mit; wer keinen Schlitten hat, kann gerne auf dem Schlitten eines Mitschülers mitfahren, zu zweit macht es nämlich doppelt Spaß!
Nach einem gemeinsamen Foto für das Schularchiv kehren wir beim „Rutschnwirt" ein, denn nach der Bewegung an der frischen Luft werden die Kinder bestimmt Hunger und Durst haben. 3 Mark für ein Limo und eine Wurstsemmel pro Schüler müssten reichen!*

Um 13 Uhr sind wir wieder zurück an der Schule und die Kinder können wie gewohnt heimgehen bzw. die, die es weiter als drei Kilometer nach Hause haben, mit dem Schulbus heimfahren.
Da werden Sie abends bestimmt keine Einschlafprobleme mit Ihren Sprösslingen haben, denn Sport macht, wie wir wissen, rechtschaffen müde!
Zum Schluss nochmal: Bitte ziehen Sie den Kindern warme Schuhe, winterfeste Kleidung, und vor allem eine Mütze an, damit sie sich nicht erkälten!
Schöne Grüße
Franz Frimper
Lehrer

Die Schüler/innen haben dann das Schreiben des Lehrers ihren Eltern vorgelegt, die es als erfreulich erachtet haben, dass der Nachwuchs an die frische Luft kommt und sich im Schnee austoben kann.
Lediglich ein Vater gab seinem Sohn einen handgeschriebenen Zettel aus dem Raiffeisen-Bauern-Notizkalender für den Lehrer mit, auf dem stand:
Ich, Armin Schlotterer, teile hiermit mit, dass mein Sohn Kurt Schlotterer nicht zum Schlittenfahren mitkommt, indem dass er keinen Schlitten hat, aber einen Katarrh! Es muss auch ohne ihn gehen.
Hochachtungsvoll
Ar. Sch.

Auch in der heutigen Zeit werden die Eltern vorab schriftlich über derlei bevorstehende Aktivitäten informiert.
Doch so einfach und von den Eltern weitestgehend unkommentiert und widerspruchslos hingenommen wie früher läuft es nicht mehr.
Hier eine Auswahl an Resonanzen von Eltern bzw. Erziehungsberechtigten auf das Informationsschreiben des (bedauernswerten) Lehrers:

Ich weise darauf hin, dass nach einer Empfehlung der Interessengemeinschaft „Sicherheit im Schulsport" bei derartigen, erfahrungsgemäß

unfallträchtigen Outdooraktivitäten pro Schüler/in 0,18 volljährige Aufsichtspersonen/innen anwesend sein sollten. Das wären bei der Schüler/innen-Zahl der 3b (21) 3,78, aufgerundet 4, in Worten VIER, Aufsichtspersonen/innen. Ergänzend wird darauf hingewiesen, dass die Aufsichtspersonen/innen der Schulleitung ein aktuelles Führungszeugnis vorlegen sollten. Sollten entgegen der o. a. Empfehlungen weniger als 3,78 Aufsichtspersonen/innen bei der schulischen Veranstaltung anwesend sein und meinem Sohn Malte ein Nachteil daraus erwachsen, behalte ich mir rechtliche Schritte vor.
Birte Fronholler-Zank, Rechtsanwältin

Die Durchführung von Freiluftsport wird meinerseits grundsätzlich begrüßt, da klare Winterluft das Immunsystem stärkt, insbesondere der Bronchialtrakt wird, sofern nicht akut geschwächt, abgehärtet. Ich fordere jedoch ausdrücklich, dass die Schlittenfahrten zwanglos durchgeführt werden und keinerlei Wettbewerbscharakter haben. Mein Sohn Timo verfügt über eine äußerst geringe Frustrationstoleranz bei Niederlagen aller Art, was auf ein traumatisches Erlebnis im Alter von sechs Jahren zurückzuführen ist. Seinerzeit belegte er beim Abschlussrennen des Kinderschikurses bei 17 Teilnehmern mit Abstand den 18. Platz, da ein Kind beim Rennen mitgefahren war, das den Skikurs gar nicht absolviert hatte. Der große Zeitverlust resultierte daraus, dass er gegen eine stattliche Buche gefahren war, die er eigentlich umfahren hätte sollen. Er hat vermutlich den Bestandteil „um" des Wortes umfahren falsch interpretiert. Er wurde daraufhin von den anderen Kindern brutalst verhöhnt, verließ weinend unter Zurücklassung seiner Schier (299 D-Mark!) den Hang und hat seitdem Angst vor Bäumen grundsätzlich und Panik vor Buchen. Unmittelbar nach dem Schiunfall weigerte er sich sogar, ein Buch zu lesen, da er der Meinung war, ein Buch stamme wegen der Namensähnlichkeit von der Buche ab! Erst durch mehrere Sitzungen beim Kinderpsychologen und Gespräche mit dem zuständigen Förster ließ er sich überzeugen! Also bitte: Sport ja, Rennen nein!
Dr. Meinolf Schrecker, Arzt

Sehr geehrte/r Lehrkörper/in,
mit Unverständnis, um nicht zu sagen, mit Empörung entnehme ich Ihrer Ankündigung einer Winterwanderung der von Ihnen betreuten Klasse 3b, dass Sie beabsichtigen, mit den Kindern beim „Rutschnwirt" einzukehren! Alleine der Name dieses mir unbekannten gastronomischen Betriebes lässt nichts Gutes vermuten. Zum einen besteht die Gefahr, dass sich hier männliche Gäste primitiver Art, womöglich sogar angetrunken, aufhalten und bei den Kindern Angstzustände durch aggressive Wortwahl oder alkoholverzerrte Grimassen verursachen. Man kennt ja die unflätige Konversation, die Betrunkenen zu eigen ist. Desweiteren gehe ich davon aus, dass eine „Gaststätte" mit diesem Namen keine veganen Speisen anbietet. Meine Tochter Lychta nimmt keinerlei tierische Nahrung zu sich, da sie Lebewesen aller Art, insbesondere Schweine, über alles liebt, allerdings lebendig! Sie würde es sicherlich psychisch nicht verkraften, wenn sie gezwungen wäre, zuzusehen, wie ihre Mitschüler/innen die von Ihnen in verantwortungsloser Weise angepriesenen „Wurstsemmeln", die vom Belag her auf getöteten Schweinen basieren, verzehren. Ich bezweifle ohnehin Ihre pädagogische Eignung, da Sie die Kinder auch noch zum „Limotrinken" animieren. Jede/r Mensch/in weiß, dass Limonade Unmengen von Zucker enthält, der sich äußerst negativ auf die Gesundheit auswirken kann (Zahnausfall, Fettleibigkeit, Hyperaktivität, Tod etc.). Ich beabsichtige deshalb, Lychta nach der Schlittenfahrt mit meinem selbstverständlich mit grünem Strom fahrenden PKW abzuholen und sie so vor einem grausamen Erlebnis zu bewahren. Bitte rufen Sie mich rechtzeitig (vor Betreten des „Rutschnwirt"!) an, meine Tochter wird Ihnen meine Handynummer, die ich aus Datenschutzgründen hier nicht nennen möchte, mitteilen!
Kreszenz von Hardenbach-Pfunsterer
Waldpsychologin und Medium im Nebenerwerb

Um die Sache abzukürzen, verehrte Leser/innen:
Es gingen noch mehrere Briefe beim Lehrer ein, darunter solche mit Hinweisen auf eventuell drohende allergische Reaktionen von Schüler/innen auf Wurst, Semmeln, Limo, Schnee und Frost. Ein Elter (ich nenne hier weder die männliche noch die weibliche

Form, um niemanden zu diskriminieren!) äußerte grundsätzliche Bedenken gegen das Schlittenfahren, da er/sie wegen der am Fuß des Schinderbuckels vorbeiführenden Kreisstraße Schwermetall- bzw. Reifenabriebspartikel im Schnee vermutete, die die erhitzten Kinder eventuell mit dem aufstiebenden Schnee einatmen könnten. Ein Tierfreund riet grundsätzlich vom Schinderbuckel ab, da dort eventuell die sehr seltene quergestreifte Hupfmaus gesichtet wurde und von den lärmenden Kindern in ihrer Winterruhe gestört werden könnte.

Der arme Klassenlehrer ging die zahlreichen Risiken ein und führte die Winterwanderung mit Schlittenfahrt und Einkehr beim Rutschnwirt (außer Lychta) durch. Wie durch ein Wunder überlebte die komplette 3b unverletzt! Lediglich Lychta von Hardenbach-Pfunsterer verstauchte sich den Fuß, da sie beim Einsteigen in Mamas E-SUV ausrutschte.

Wenn man über Weihnachten schreibt, darf natürlich das Thema „Kindermund" nicht fehlen! Viele Dinge im Zusammenhang mit dem Fest sind für sehr junge Menschen schwer verständlich und nicht nachvollziehbar. Ein kleiner „Bou" (er ist Oberpfälzer, deshalb kein „Bua"!) schreibt einen bemerkenswerten Aufsatz über die Bekleidung am Heiligen Abend im häuslichen Bereich, denn so ganz klar ist er ihm nicht, der

Dresscode unterm Christbaum

Das schönste Fest ist Weihnachten, weil da gibt es Geschenke und etwas Gutes zum Essen und man darf länger aufbleiben, falls es einem nicht die Augen zuhaut.
Mama freut sich, weil sie bekommt einen Schmuck, der wo ihr sehr gut gefällt.
Das ist kein Wunder, weil sie hat ihn selber gekauft und schön eingepackt und Papa darf ihn ihr dann am Heiligen Abend geben und sie papierlt das Packerl auf und sagt: „Ooooh, ist der schön! Genau der, den wo ich mir gewünscht habe!" Und Papa kriegt ein Busserl dafür und freut sich, dass er ihr so gut gefällt – der Schmuck, er nicht!
Mich wundert das nicht, denn so dumm ist Mama nicht, dass sie sich einen Schmuck kauft, der wo ihr nicht gefällt, Papa schon eher. Aber ich freue mich auch, denn dass der Papa ein Busserl kriegt, ist selten. Busserln kriege ich mehr, obwohl ich der Mama kein Packerl gebe. Von der Oma kriege ich auch Busserln, aber von dieser will der Papa sowieso keines, glaube ich. Ich auch nicht unbedingt, denn ihre Lieblingsspeise ist Knoblauch. Sie sagt, wenn man man viel Knoblauch isst, wird man 100 Jahre alt. Ob das stimmt, weiß ich nicht, aber riechen tut man auf jeden Fall so.
Papa kriegt von der Mama auch etwas, aber keinen Schmuck. Manchmal etwas, dass er gut duftet, und manchmal etwas für das Auto. Am letzten Weihnachten hat er einen großen Kanister mit

einem blauen Getränk bekommen. Das schaut zwar lecker aus, aber man sollte es nicht trinken, weil es heißt Frostschutz und ist dafür, dass das Wasser, das das Autofenster sauber macht, nicht einfriert. Papa hat gesagt, der Kanister reicht wahrscheinlich solange, bis ich den Führerschein habe, weil es im Winter praktisch nimmer gefriert. Daran ist das Klima schuld. Papa sagt, das ist so warm, dass es nicht mehr feierlich ist. Das verstehe ich nicht, denn wenn es kälter wäre, wäre es trotzdem nicht feierlich.
Aber der Heilige Abend, der ist feierlich! Alles ist sauber geputzt und Kerzen brennen und der Christbaum glänzt, also die Kugeln daran, er selber nicht.
Im Radio singen Vögel Weihnachtslieder – ich glaube, sie heißen Domspatzen.
Und es gibt auch ein feierliches Essen, nämlich vor dem Essen ein Essen und nach dem Essen ein Essen, insgesamt drei. Das vorher heißt Vorspeise und das nachher Nachspeise. Normal gibt es nur das mittlere Essen, aber am Heiligen Abend vorher ganz dünne Fleischscheiben, da sagt man Karacho vom Rind oder so ähnlich. Nachher gibt es einen ganz süßen gelben Pudding mit verbranntem Zucker darauf, da sagt man Krem Brülle. Das Karacho ist nicht gut, aber die Krem Brülle hat mir sehr gut geschmeckt, obwohl sie ein bisserl eitrig ausschaut.
Letztes Jahr war auch wieder Weihnachten. Da hat meine Mutter gesagt, sie hat eine Idee und zugleich einen Wunsch: Es ist zwar schön, wenn es etwas Gutes zum essen gibt, aber es passt nicht dazu, dass wir daherkommen wie die Landstreicher, insbesondere Papa und ich. „Wie kommen denn Landstreicher daher?", habe ich gefragt. „Wie dein Vater!", hat sie gesagt. „Weißt, da singen die Domspatzen ‚Oh du fröhliche', es gibt etwas Feines zum essen, alles ist schön geschmückt und er hockt im ausgeleierten grauen Joggingunzug herum! Und du auch! Heuer zieht ihr euch mal schön an, ihr zwei, und ich auch! Denn Weihnachten ist ein Fest und darum muss man festlich ausschauen!"
Mein Vater ist gleich voll erschrocken und hat gesagt: „Warum? Kommt ein Besuch oder was? Am Heiligen Abend? Langt es nicht, dass deine Mutter am ersten Feiertag daherkommt mit ih-

ren boahirten Kokosheiferln, die ich trotzdem loben muss, damit sie nicht beleidigt ist?"
„Nein", hat Mama gesagt, „natürlich kommt niemand am Heiligen Abend! Ich will einfach, dass nicht nur der Baum und der Tisch festlich sind, sondern wir auch, das ist doch nicht zu viel verlangt!"
„Soll ich dann meine Feierwehruniform anziehen", hat mein Vater gefragt, „und der Bub seinen Kommunionanzug oder was?"
„Doch nicht die Feierwehrunifom! Zieh einfach eine schöne schwarze Hose an und ein weißes Hemd mit Krawatte und drüber einen Sakko! Und echte Schuhe, nicht deine ausgelatschten Pantoffeln! Beim Luis (das bin ich) reicht eine schwarze Hose und ein weißes Hemd, das richte ich ihm dann schon her! Ich ziehe mir dann auch etwas Schönes an!"
Papa sagte, dass das ein Schmarrn ist, weil es keiner sieht außer uns selber und er hat recht. Recht hat er zwar, aber keine Chance und am Heiligen Abend schauten wir aus wie feine Leute. Papa wie ein dickes feines Leut, weil der Sakko war ihm viel zu eng und er kriegte ihn nicht zu und seine Krawatte war zu kurz, das sah zwar nicht schön aus, aber lustig. Meine Mutter hatte goldene Ohrringe an den Ohren. Sonst war sie natürlich auch bekleidet, aber die Ohrringe waren das einzige, was glänzte.
Zuerst gab es eine Suppe, die war rötlich und kalt und hatte einen Namen, den ich nimmer weiß, er begann mit „Gas". Obwohl die Krawatte meines Vaters zu kurz war, reichte sie noch dafür, dass sie in die Gas-Suppe hing. Er merkte es gar nicht, aber Mama schon. „Zieh sofort die Krawatte aus, die hängt dir in die Suppe! Und leg sie ins Bad zum Waschen! Es ist ein Kreuz!"
„Dann ziehe ich den Sakko auch gleich aus", sagte er, „weil obwohl die Suppn kalt ist, schwitze ich!"
„Von mir aus", sagte Mama, „du bist einfach zu dick! Das sind die ewigen Süßigkeiten!" Da hat sie recht, denn drei Bounty und ein Eis pro „Tatort" sind für Papa gar nichts! Da kann er aber nichts dafür, denn nach einer Packung Chips und einem Streichwurstbrot braucht man einfach etwas Süßes, dass es sich ausgleicht!

Als er vom Bad zurückkam, hatte er nur mehr eine schwarze Hose und ein weißes Hemd und schaute fast aus wie ich, nur größer und dicker.

Dann kam die Hauptspeise. Das war ein Schaf namens Lamm; aber kein ganzes, nur der Rücken. Dazu gab es Bohnen mit einem Mantel, der aus Speck war, und Kartoffelkretins oder so ähnlich. Als mein Vater vom Lamm das erste Drumm abschneiden wollte, rutschte er mit der Gabel auf dem Teller weg und das Fleisch flog zamt Soße zu mir herüber und mein Hemd war auf einmal nicht mehr komplett weiß. Die Domspatzen sangen gerade „Es ist ein Ross entsprungen", aber bei uns war es ein Lamm!

Vor Schreck fiel meinem Vater die Gabel hinunter, an der wo auch Soße dran war, und man sah es an seinem Hemd und an seiner Hose.

Was Mama dann gesagt hat, schreibe ich lieber nicht, denn sonst komme ich eventuell in die Hölle.

Auf jeden Fall dürfen wir nächstes Jahr am Heiligen Abend wieder einen Jogginganzug anziehen. Und darum ist dieser Heilige Abend noch recht gut ausgegangen.

Klimawandel de luxe

Er: Des is doch da Wahnsinn!
Sie: Wos is da Wahnsinn?
Er: Dass i aso schwitz!
Sie: Es is owa aa wirklich gscheit warm!
Er: Am Heiligen Abend in da Friah um neine 16 Grad plus! Schau auße, wia d'Sunn scheint!
Sie: Wia im Mai!
Er: Eher Juni! Do kimmt doch koa Weihnachtsstimmung auf! Koa Flockerl Schnee weit und breit, ned amal a Eiszapfa! Also für mi is des einfach koa Weihnachten ned! Von da Stimmung her!
Sie: Do hast du recht! I fühl mi überhaupt ned weihnachtlich, null!
Er: I aa ned. Also, ganz ehrlich: Wenns nach mir geht, dann bleima nächstes Jahr an Weihnachten dahoam und fliangma nimmer aaf d'Seychellen!
Sie: Genau, dahoam schneibts zwar aa ned, owa wenigstens muassma ned schwitzen!

Der Herr im Haus

Sepp: Und? Weihnachtsvorbereitungen abgeschlossen?
Kare: Im Prinzip ja. Baam is dahoam, Plätzln san bacha und da Gutschein für a Wellnesswochenende is kafft! Gestern hamma uns no übers Essen am Heiligen Abend unterhalten bzw. hamma drüber diskutiert.
Sepp: Wos gibts do zum diskutiern? Würscht und a Kraut und aus!
Kare: Du sagst es! I hob des gestern aa gsagt. Owa es is ned so einfach, wia es klingt. Weil sie hod dann gsagt, de Kinder kemman extra aus München, da san Würscht und a Kraut zu banal.

Sepp:	Banal? Würscht und Kraut? De san guat, ned banal!
Kare:	Des brauchst mir ned sagen, weil i woaß des ja! Aber sie ned! Sie hod gsagt, es gibt ein Filetsteak vo irgend an Hochlandrindviech. Mit getrüffeltem Rucola-Tomaten-Salat mit Himbeer-Honig-Dressing und Süßkartoffel-Wedges.
Sepp:	Ja mi host ghaut! Nobel geht die Welt zugrunde! I woaß zwar ned, wos Süßkartoffel-Wedges san, owa nix Gscheits wahrscheinlich ned.
Kare:	Aso a neimodischer Fraß is des! Kimmt angeblich vo de Anden, vo de Inka oder Mayer!
Sepp:	Maya!
Kare:	Sogi doch. Süßkartoffeln! Am Heiligen Abend! Bei uns dahoam! Brutal, oder?
Sepp:	Bauchts des? Erdäpfel hamma doch selber in rauen Mengen.
Kare:	Ja eben! Zum Saufuadern! Owa heitzudogs muass ja alles exotisch sei und von weit her! Des is heitzudogs d'Hauptsach! A Sau is zufrieden mit einem bayerischen Erdapfel, aber meine Gattin nicht!
Sepp:	Des is des! Und oans is klar: Der bayerische Erdapfel is nachhaltiger wia des siaße Glump vo de Andern!
Kare:	Anden!
Sepp:	Genau! Der bayerische Erdapfel wird mit dem Bulldog über d'Landstrass transportiert, da Süßerdapfel mit dem Schiff über den Pazifik! Die Umweltbilanz, de heit so modern is, spricht fürn bayerischen Erdapfel, glasklar!
Kare:	Genau! I hob dann notgedrungen gsagt: „Ok, in Gottes Namen! Owa dann wenigstens als Vorspeis Würscht mit Kraut!"
Sepp:	Des waar a vernünftiger Kompromiss!
Kare:	Gell! Aber null Chance! Als Vorspeis macht sie a Schwarzwurzel-Sellerie-Rahmsüppchen mit einem Shrimp-Hackbällchen drin. Als Sättigungsbeilage a Maisbrot, selbstgebacken!
Sepp:	Ein Elend im Vergleich zu Würscht mit Kraut!

Kare: Du sagst es! De armen Kinder! Kemman extra aus München und dann a Maisbrot! Owa d'Hildegard is do direkt verbohrt, de gibt ned nach. I hob dann gfragt, ob mir wenigstens als Nachspeis Würscht mit Kraut macha kanntn. So als Abschluss.

Sepp: Des waar ned verkehrt. Kraut macht einen guadn Magen! Und dass sauer lustig macht, des is wissenschaftlich erwiesen. Und a guade Laune kann am Heiligen Abend ned schaden! Do is eh öfter a schlechte Stimmung, deutlich mehr Selbstmorde san der Beweis!

Kare: Naja, ob etza do a Kraut helfen daad …

Sepp: Also schaden daads ned!

Kare: Des stimmt. Owa aa de Nachspeis – sie sagt ja Dessert – hods scho geplant ghabt. Einen Kaiserschmarrn mit Kokosmilch als Teigbasis und dazua a Limetteneis.

Sepp: A Eis an Weihnachten! Des is doch a Schmarrn!

Kare: A Kaiserschmarrn, sog i doch! So, dann hob i den Dreg im Schachterl ghabt! Des komplette Abendmahl durchgeplant und null Würscht und Kraut! Mei letzte Hoffnung war dann, wia sie gsagt hod, dass sie Snacks am Wohnzimmertisch hinstellt, wennma dann nach dem Essen gemütlich beinander sitzen. Do hob i dann vorgeschlagen, dass Würscht und Kraut kein schlechter Snack waarn.

Sepp: Es gibt schlechtere!

Kare: Genau! Owa alles sinnlos, weil sie hod als Snacks Nüsse im Teigmantel gmoant und Selleriechips und zuckerfreie Gummibärln.

Sepp: Ja pfui Deifl, de armen Bärln! Des wird a trister Heiliger Abend. Und du muasst Sachen essen, die du ned magst.

Kare: I hob mi direkt geärgert, wenn i ehrlich bin! Dann, bei der Frage „wos trinken wir?", schlag i natürlich ein Weißbier vor.

Sepp: Ja, wos denn sunst? Is doch klar!

Kare: Mir scho, ihr nicht! Sie hod an so an Spritz kafft, Udo oder wia der hoaßt.

Sepp: Hugo!
Kare: Genau, Hugo hoaßt der Blempel! Mir viel zu siaß! Aber wos willst macha? Die politischen Verhältnisse san bei uns dahoam drei zu eins, wobei i de eins bin.
Sepp: Do duast mir echt leid! Weil dass du eigentlich der Herr im Haus bist, des konnst dann praktisch vergessen.
Kare: Von wegen! Aa bei uns dahoam gilt de alte chinesische Weisheit: Wer zuletzt lacht, lacht am besten!
Sepp: Inwiefern?
Kare: Weil es wird heuer am Heiligen Abend genau so laffa wia letztes Jahr! Umara zehne wird d'Hildegard miad und geht ins Bett, umara elfe folgen die Kinder. Des is dann der Moment, wo klar wird, wer der Herr im Haus is! I geh in d'Speis und hol mir a Weißbier, dann geh i in d'Küch und hol a Paar Pfälzer und a Kraut ausm Kühlschrank und a Brezen und dann geh i ins Wohnzimmer und schau mir an totalen Schmarrn am Fernseh o und iss des kalte Kraut und de kalten Pfälzer und trink des kalte Weißbier. Und dann is mir unheimlich schlecht. Owa des is mir vollkommen wurscht, weil in diesem Moment bin i …
Sepp: … der Herr im Haus!
Kare: Du verstehst mi halt!
Sepp: Weils mir grad so geht!

Sepp in Bethlehem

Kare: Sepp, du schaust nicht guat aus! Eher schlecht schaust aus! Hamm di de Weihnachtsfeiertage dermaßen gschlaucht?

Sepp: Kare, i sogs dir: I bin heit no fix und foxi, obwohls scho vier Dog her is! So ein Wahnsinn!

Kare: Wos für a Wahnsinn?

Sepp: Mei Albtraum!

Kare: Dei Albtraum?

Sepp: Ja, mei Albtraum! I hob in der Nacht vom Heiligen Abend auf den ersten Weihnachtsfeierdog einen absolut verruckten Traum ghabt. Einen Traum, wo du dich fragst: „Bin i no normal? Oder is scho so weit, dass i spinn?" I hob no nie so einen wirren Traum ghabt, no nie!

Kare: Ehrlich? Akkrat am Heiligen Abend, in der Heiligen Nacht quasi?

Sepp: Genau, des aa no! Do draamt man entweder gar nix oder wos Harmonisches, owa doch ned so einen Schmarrn! Eventuell liegts aa daran, dass i am Heiligen Abend zu viel und zu durcheinander gessn hob. Weil des is erwiesen: Wenn man zu viel isst, saust des ganze Bluat in den Magen zwecks der Verdauung und fürs Hirn bleibt bloß no a Tröpferl und drum spinnt des dann vorübergehend und denkt sich so einen Wahnsinn aus!

Kare: Dann friß halt ned so viel!

Sepp: *Zynisch:* Herzlichen Dank für den tollen Tipp! Wenn sich die Gattin scho de Mühe macht mit dem Weihnachtsmenü, dann muassma sich einfach überwinden und essen, bis alles weg is! Wia schaut denn des aus, wenn i zu da Hildegard sog: „I iss heit nix, ned dass i schlecht draam!" Des klingt wie eine reine Schutzbehauptung, dann is ein Weihnachtsgfetz vorprogrammiert!

Kare:	Des is aa wieder wahr. Weil keine Frage is peinlicher als „schmeckts dir ebba ned?"
Sepp:	Stimmt! Peinlich und gefährlich! Fast no gefährlicher wia „fallt dir an mir wos auf?"
Kare:	Ouuuu ja, des is brandgefährlich! Weil man woaß ja nie, wos gemeint is – neie Frisur, neis Kleid, neier Schmuck? Oder hods gar abgnumma? Brandgefährlich! Owa etza erzähl, wos host denn draamt?
Sepp:	Im weitesten Sinne wos Biblisches.
Kare:	Wos Biblisches? Du? Du und die Bibel? Ihr zwoa seids owa normal keine guadn Freunde. Du fluachst manchmal wia a Bürschtnbinder, so direkt biblisch hört sich des ned o.
Sepp:	Do host scho recht. Vermutlich liegts do dran, dass am Nachmittag da Sohn und die Schwiegertochter mitm Enkel do warn und i hob dem Enkel die Weihnachtsgeschichte vorglesn. Woaßt scho: Josef, Maria, Bethlehem und so weida.
Kare:	Natürlich woaß i des, i hob doch Religion ghabt in da Schul! I kenns alle, de Briada vo damals: Pontius Pilatus, Tutenchamun, Asterix, Richard Löwenherz, Adenauer, i kenns alle! I bin relativ bibelfest!
Sepp:	Noja, a bissl wos host jetza scho durcheinander bracht.
Kare:	Stimmt! Da Asterix war ja a Franzos!
Sepp:	Genau! Aaf jeden Fall hob i kurz vorm Bettgeh no drei Mozartkugeln und circa 10 Eistörtchen gessn und no scherzhaft zu da Hildegard gsagt: „Des dua i, damit dass i süße Träume hob!" Glacht hob i no, i Depp! Sie hod mir sogar no a Kompliment gmacht und hod gsagt: „Also, oans muassma dir lassen, Sepp – du host einen Magen wie eine Sau!" Und dann draam i so einen Wahnsinn, dass i heit no leicht traumatisiert bin.
Kare:	Etza machs ned so spannend, erzähl endlich!
Sepp:	Ok. Also, losganga is aso: I war da Josef …
Kare:	Des bist ja in echt aa, mir sagen bloß Sepp zu dir.

Sepp:	Scho klar, owa i war ned i, sondern der biblische Sepp, also der Josef. Man hods aa an da Frau gmerkt, weil i war mit da Maria zamm und ned mit da Hildegard.
Kare:	Ach du Schreck! Wos hod do d'Hildegard gsagt? Des war ihr bestimmt ned recht, oder?
Sepp:	De war ja in dem Traum gar ned dabei. I draam doch ned biblisch und dann is d'Hildgard dabei! Des passt ja zeitlich überhaupt ned!
Kare:	Do host Glück ghabt, weil des hätt bestimmt a gscheids Gfetz geben. D'Hildegard eifert ja aso. Ohne Grund, weil di schaut eh koane o.
Sepp:	Depp! Auf jeden Fall wars ned dabei. I war mit da Maria zamm und mir hamm im Orient gwohnt und sie war schwanger, hochschwanger. Und man hod scho gmerkt: Hoppla, mir san im Jahre null!
Kare:	An wos host denn des gmerkt?
Sepp:	An da Wand is a Kalender ghängt vo da BayWa, do is „0" draufgstandn als Jahreszahl. Mir hamm bloß a kloane Hütte ghabt, owa an Kalender. Und an Esel hamma no ghabt, sonst nix. Koan Fernseh, koan Radio, ned amal an Kühlschrank – in dera Bluatshitz! Die Gesamtsituation war einfach biblisch.
Kare:	Cool!
Sepp:	Warts ab, so cool war des ned! Mir war klar, dass i a Zimmermann bin und dass des Kind von da Maria da Jesus wird. I hob mir sofort denkt: „Oläck! Mir san im Jahre null! I bin a Zimmermann und mei Wei is schwanger – mir san die Heilige Familie! Des konn ja heiter wern!"
Kare:	Ehrlich? Host du dir des glei denkt?
Sepp:	Des war sowos vo klar! I bin grad aso durtgstandn und hob an einem Balken rumghobelt, do sagt d'Maria: „Oh Josef mein …"
Kare:	*Lacht.* Oh Josef mein? Hods ned gsagt „hä Sepp!"?
Sepp:	Naa, aso hod man damals ned gred.
Kare:	Owa Deitsch aa ned. Eher so dalmalachschelachibnbinmaloch …

Sepp: *Grübelt kurz.* Hm, stimmt. Oa in mein Traum is Deitsch gred worden.

Kare: Ja freilich, is ja logisch, sunst hättst ja kein Wort verstanden. Des waar ja dann a total sinnloser Traum gwesn! Du, und wia wars vom Ausschaun her? Warst du a Araber oder so? Oder warst a Deitscher? Weil normal sans ja in dera Gegend eher Araber oder so wos ähnliches.

Sepp: Du, i woaß ehrlich gsagt gar ned, wia i ausgschaut hob, mir hamm koan Spiegel ghabt. Owa des is ja jetza wurscht. Aaf jeden Fall sagt d'Maria: „Oh Josef mein, hör auf zu hobeln! Ein ungehobeltes Brett ist nicht schlimm! Wir müssen uns auf den Weg machen zur Volkszählung, Kaiser Augustus hat es doch befohlen!"

Kare: Do schau her! War de Maria politisch so fit? Bemerkenswert für damals! Weil des Frauenwahlrecht is ja erst knapp 2000 Jahre später eigführt worden!

Sepp: Jamei! Aaf jeden Fall hob i gsagt: „Akkrat etza, wo du schwanger bist, muass der römische Knallkopf a Volkszählung befehlen! Dass eam ja koa Fünferl Steier auskimmt, dem Banditen!"

Kare: Hut ab! So ein Revoluzzer warst du damals? Nicht zum glauben, heit bist bei da CSU!

Sepp: Soweit i woaß, hods de damals no gar ned geben! Dann hod d'Maria gsagt, dass sie alle Monat a paar Euro aaf d'Seitn duat wega da Steier für d'Römer. Und dass sie des in einem Tontopf sammelt. „Des is unser Römertopf!", hods gsagt.

Kare: Stark! Aso is wahrscheinlich der Ausdruck Römertopf entstanden! Owa woaßt wos? Euro hods doch damals no ned geben! Damals war d'Währung Taler oder Pfund oder Kamele, aaf jeden Fall ned Euro.

Sepp: Scho klar, owa i draam ja ned in einer Fremdwährung, des is doch logisch. Do daad i mi scho rein rechnerisch hart.

Kare: Do host aa wieder recht! Erzähl weida!

Sepp:	Dann samma furt. I hob d'Maria am Esel auffegsitzt, weil de war dermaßen schwanger, des waar zu Fuß ned ganga bis nach Straubing.
Kare:	*Baff:* Straubing? Wieso Straubing? Wos wollts denn ihr als Orientale in Straubing?
Sepp:	Des Volkszählungsbüro war in an Ortsteil vo Straubing, der hod Bethlehem ghoaßn.
Kare:	Spinnst du komplett??? Straubing is doch ned arabisch, des is doch bei Geiselhöring!
Sepp:	Des woaß i aa! Owa in mein Traum war durt die Volkszählung, i konn aa nix dafür, wenn des da Kaiser aso will! I hob ja gsagt, dass des a Wahnsinnstraum war!
Kare:	*Schüttelt den Kopf.* Bethlehem bei Straubing! I glaub, mei Schwein pfeift! Du derfst am Heiligen Abend keinesfalls mehr dermaßen einefressn, des zersetzt dei Hirn! Do muasst ja Angst haben, dass du komplett spinnst, wennst wach wirst!
Sepp:	Wahrscheinlich. Aaf jeden Fall sitzt die Maria bereits aaf unserm Esel und mir wolln grad weg, steigts wieder ab.
Kare:	Wieso? Bieseln oder wos?
Sepp:	Naa, sie war sich ned sicher, ob sie des Feier im Ofen ausgmacht hod, sie wollt vorsichtshalber noml nachschaun.
Kare:	Typisch, des is ganz typisch!
Sepp:	Genau! Do hod sie mi total an d'Hildegard erinnert, weil de rennt aa immer no eine, bevor mir wegfahrn in Urlaub und schaut, ob da Ofen aus is und da Kühlschrank zua und 's Licht aus und d'Jalousien herunten.
Kare:	Weiber!
Sepp:	Du sagst es. Dann samma furt – i zu Fuß, sie per Esel. Eine Hitz, i sogs dir. Und natürlich Wüste pur, alles voll Sand!
Kare:	Normal is des ned typisch für de Streck nach Straubing.
Sepp:	Normal ned, owa in einem Wahnsinnstraum scho. So ungefähr nach zwoa Stund kema an eine Kreuzung – natürlich null Wegweiser, und a Navi hod a Esel vo Haus

	aus ned. Mir hamm beim besten Willen ned gwisst: Miassma links, miassma rechts oder miassma grodaus weida? Mir war bloß klar: Zruck miassma ned, weil do kema her! Plötzlich, aus heiterem Himmel, weil es war ja keine Wolke oben, kimmt a Polizist daher auf einem Kamöl.
Kare:	Wia hodma des kennt, dass des a Polizist war? Hod er a Uniform anghabt?
Sepp:	Naa, des Kamöl hod am Höcker oben a Blaulicht ghabt!
Kare:	Etza derfst owa aufhörn! A Blaulicht! Des hods doch damals no ned geben, niemals!
Sepp:	Etza wo i wach bin, woaß is des aa. Owa im Traum war des für mi logisch. Weil i mir no denkt hob: „Zefix, die Polizei! Und i koan Ausweis dabei und gestern 11 Dattelschnaps beim ‚Wirt zum hinkenden Dromedar'!" I hob dann ganz cool gsagt: „Salemaleikum, Herr Wachtmeister! Wo gehts do nach Straubing-Bethlehem?" Dann sagt er, dass er uns des ned sagt, weil wegen dem Datenschutz.
Kare:	War des a deitscher Polizist? Des muass a deitscher gwesn sei!
Sepp:	Vom Datenschutz her könntmas moana. I hob dann gsagt, dass mir zur Volkszählung miassn, dann hod er gsagt, des is wos anderes, weil des is ja amtlich, weils a Befehl vom Kaiser is. Mir miassma nach links, dann acht Stund gradaus und dann wieder links, beim Kaktus.
Kare:	Acht Stund? In dera Hitz? Und sie schwanger – des is doch lebensgefährlich!
Sepp:	Normal scho, owa mir hamm vier Liter Aperol Spritz dabeighabt, alkoholfrei natürlich!
Kare:	Dann is des ok.
Sepp:	I hob den Polizist aus gegebenem Anlass gfragt: „Sie als Amtsperson könnten des wissen: Samma etza mir volkszählungsmäßig zwoa Personen oder drei? Weil Sie se-

	hens ja, sie is total schwanger!" Dann fragt er, ob i da Vater vo dem Kind bin.
Kare:	Des is natürlich eine sensible Frage in dem speziellen Fall! Wos host denn gsagt?
Sepp:	I hob gsagt: „Am Papier scho, owa Sie wissen ja, wias is, Herr Wachtmeister – eigentlich wars der Heilige Geist!" Dann sagt er, ob i eam verarschen will. Dann sog i: „Niemals! Des steht doch scho in der Bibel, dass des der Heilige Geist war!" Owa der war scheinbar ned katholisch, der hod null Ahnung ghabt, der hod die Bibel überhaupt ned kennt. Er hod dann glaubt, dass i an Vogel hob oder an Rausch. Guat, dass damals no koan Alkoholtest geben hod. Er hod den Kopf gschüttelt und hod uns a guade Reise gwünscht.
Kare:	Hod er's ned gschnallt?
Sepp:	Naa. Er hod dann bloß no gsagt: „Also ganz sauber seids ihr ned!" Und do hod er recht ghabt, weil mir warn voller Wüstenstaub.
Kare:	Des glaub i. Und dann seids acht Stund in dera Bluatshitz weida?
Kare:	Scho. Owa im Traum san acht Stund bloß a paar Sekunden. Mittendrin, hinter einer Sanddüne, steht do a Ortssschild, do steht oben: „Straubing, Ortsteil Bethlehem 1 km"!
Kare:	Echt? Ja, und wo war dann Straubing selber?
Sepp:	Frag mi ned, i hobs ums Verrecka ned gseng. Des war scheinbar no ganz kloa damals, so guat wie unsichtbar.
Kare:	Und wia groß war dann Bethlehem?
Sepp:	Mei, a Kaff eigentlich. Vielleicht zehn Heiser. Vor oan is a Schild gstandn mit der Aufschrift: „Hier Volkszählung! Zählzeiten Mo, Di, Mi und Do von 08 bis 12 Uhr, ansonsten geschlossen! Bitte Ausweis und Steuer-ID bereithalten! Kinder unter 3 Jahren nur in Begleitung ihrer Eltern!"
Kare:	Typisch Behörde! Damals scho!
Sepp:	Genau! Und wia mir okema san, war akkrat Freitag!

Kare: So ein Pech! Und wos habts dann gmacht?

Sepp: Daneben war a Wellnesshotel mit veganer Speisekarte und Sand-Yoga. Owa viel zu deier für uns! De paar Cent in unsern Römertopf hätten ned amal für oa Übernachtung glangt. Alloa die Parkgebühr fürn Esel in da Tiefgarage hätt 40 Euro kost bei de Halsabschneider!

Kare: *Lacht.* A Tiefgarage? In da Straubinger Wüste? Fürn Esel? Sag amal: Verarschst du mi echt ned?

Sepp: Naa, ehrlich ned! I hobs dir ja gsagt, dass des ein Wahnsinnstraum war.

Kare: Wos habts nacha gmacht, du und d'Maria und da Esel?

Sepp: Hinter dem Wellnesshotel war a kloane Pension, „Zum staubigen Bruder" hod de ghoaßn, Inhaber Alfons al Dente.

Kare: Ohne Schmarrn?

Sepp: Ohne Schmarrn! Do hamma dann gfragt, ob mir bis Montag übernachten kinna, weil im Freien, des is nix für hochschwangere Frauen. Bei mir waars ja wurscht gwen, i war ja ned schwanger. I hätt mi aa hinter an Kaktus higflaggt. Owa d'Maria hod a Dach braucht überm Kopf. Stell dir vor, de daad entbinden unter freiem Himmel!

Kare: Is ja logisch! Und? Habts a Zimmer kriagt beim Alfons?

Sepp: In da Pension ned, weil er hod gsagt, mir schaun aus wia typische Mittellose, weil mir ned amal a Kamel hamm, bloß an Esel. Und do hod er Bedenken zwecks der Bezahlung.

Kare: Ja, und eier Römertopf?

Sepp: Der war laar, weil mir hamm uns am Weg an einem Kiosk an Döner kafft und a eiskaltes Cola mit Eiswürfeln. Weil der Aperol Spritz war dermaßen soachwarm, den host du nimmer runterbracht.

Kare: Verständlich! Und dann?

Sepp: Da Alfons al Dente war im Prinzip a anständiger Bursch. Er hod gsagt, er will ned so sei, weil er is ja aa bloß a Zuagroaster. Er kimmt vo Italien und er woaß, wia des

	is, wennma vo auswärts is und nix hod. Und mir kinna in seinem Stall übernachten, bis am Montag des Volkszählungsbüro wieder aufmacht.
Kare:	Do segstas wieder: Es gibt aa anständige Italiener!
Sepp:	Auf jeden Fall! Im Stall war a Ochs und a Esel drin und dann no a paar Schafe und a Pinguin.
Kare:	A Pinguin??? Wos duat der in der Wüste? Der is doch eher polar veranlagt!
Sepp:	Mi hods aa gwundert. Owa mei, im Traum braucht di nix wundern – do san Sachen normal, wo du sagst: „Des gibts doch ned!"
Kare:	Stimmt! I hob amal draamt, dass i super ausschau!
Sepp:	Segstas! Im echten Leben unmöglich!
Kare:	Leider!
Sepp:	Und etz pass aaf: Glei in der ersten Nacht, um 22 Uhr 47, sagt d'Maria: „Oh Josef mein, es geht los, das Jesukindlein kommt!"
Kare:	Ach du Schreck! Du, Frage: Woher woaßt denn du, dass des genau um 22 Uhr 47 war?
Sepp:	Do war a Uhr an der Wand!
Kare:	A Uhr? In da Wüste? A Sanduhr wahrscheinlich!
Sepp:	Naa, a ganz a normale Wanduhr! De war vo da Sparkasse.
Kare:	Mi wundert nix mehr! Und dann? Wie war die Geburt?
Sepp:	Keine Ahnung, i hob nix mitkriagt, mi hods voll umghaut!
Kare:	Umghaut? Im Traum? Im Traum brauchts di doch ned umhaun, da liegst ja scho.
Sepp:	Stimmt eigentlich. Owa i hob echt draamt, dass mi umhaut. Und wie i wieder zu mir kema bin im Traum, is d'Maria voll relaxt dogsessn und des Jesukindlein war in der Futterkrippe drin und da Ochs und da Esel und de Schafe hamm eingschaut.
Kare:	Und da Pinguin?
Sepp:	Da Pinguin? Stimmt! Etz, wo du des sagst: Der war nimmer do.

Kare: Wo is er denn dann hi?
Sepp: Keine Ahnung, i hobna nimmer gseng. Eventuell Hitzschlag und dann Tierklinik. Und etza pass aaf, etza kimmt des, wos mir im Nachhinein no total stinkt!
Kare: Wos nacha?
Sepp: Dann klopfts an da Stalltür und draußen stehen die Heiligen Drei Könige aus dem Morgenland.
Kare: Ehrlich? De mit dem Gold und dem ganzen Zeig?
Sepp: Eben nicht mit Gold und so Glump! Woaßt, wos de dabeighabt hamm? Oaner an Laib Bauernbrot, da zwoate ein Riesendrum frischgebackenen Leberkaas und da dritte a Zehnliterfassl eiskaltes Bier.
Kare: *Schnalzt genüsslich mit der Zunge.* Mmhhhh, des hörtse ganz guat o!
Sepp: Gell! „Ja Männer von Galiläa", hob i gsagt, „eich schickt der Himmel!" Hamms gsagt: „Nein, der Stern!" Hob i gsagt: „Is aa recht! Hauptsach, ihr habts de guadn Sachen dabei! Uns hungert und dürscht, des kinnts eich ned vorstellen!"
Kare: Des glaub i, dass des a Freid war! Owa wieso hod dir des gstunka?
Sepp: Des hod mir no ned gstunka. Owa dann hod der erste des Bauernbrot aufgschnittn und aaf a Brettl glegt. Dann hod der zwoate den Leberkaas aufgschnittn und neben des Bauernbrot higlegt – wia der dampft hod und wia der duft hod, Waaahnsinn! Dann hod der dritte des Fassl aufgmacht und gsagt: „Ozapft is! Lassts eich schmecka!"
Kare: Des is doch super! Endlich wird dei Traum angenehm!
Sepp: Von wegen! Extrem unangenehm is er in dem Moment worn!
Kare: Wieso denn? Wos is passiert?
Sepp: Dann bin i wach worden! I bin sogar im Traum a Pechvogel!

Schon klar: Jeder meint es im Prinzip gut, zumindest nicht böse, aber es kann bisweilen an die nervliche Substanz gehen, wenn einen eine Lawine an guten Wünschen überrollt. Um so mehr, wenn man in Gedanken ist und „seinen Kopf woanders hat", wie man so schön sagt. Das Gehirn ist eher auf „Lösung eines Problems" geschaltet als auf „Entgegennahme von sinnlosen Wünschen". Wer mit solchen Situationen nicht oder nur schlecht zurechtkommt, sollte gefährliche Orte und Zeiten, wie zum Beispiel den heimischen Christkindlmarkt kurz vor den Feiertagen, meiden! Denn dort lauert er gnadenlos, der

Weihnachtswunschwahnsinn

Rüdiger: Ja, da Toni! Servus Toni! Dassma di aa wieder amal segt! Schaust ebba aa, wos so los is am Christkindlmarkt?

Ich: *In Gedanken vertieft und grantig, weil ich der Frau beim Heimkommen erklären muss, dass ich wegen zu gierigem Bratwurstsemmelverzehrs mein nagelneues weißes Hemd schon WIEDER mit mittelscharfem Senf bekleckert habe, nach dem Motto „alle Jahre wieder":* Äh ... servus ... äh ...

Rüdiger: Rüdiger!

Ich: Ja genau, Rüdiger!

Rüdiger: Und?

Ich: Wos und?

Rüdiger: Bist aa am Christkindlmarkt?

Ich: Ja genau, i bin aa am Christkindlmarkt!

Rüdiger: Immer wieder schee, gell! De Stimmung!

Ich: Immer wieder! Wahnsinnsstimmung!

Rüdiger: Des is a Stimmung, wo man sagt: „Jawoll, des is a Stimmung!"

Ich: Du sagst es!

Rüdiger: *Deutet grinsend auf den gelben Fleck auf meinem Hemd:* Host dir ebba a Bratwurstsemmel kafft?

Ich:	*Verlegen:* Ja genau! Alle Jahre wieder! Der Senf allerweil, owa ohne Senf is aa nix!
Rüdiger:	D'Fresserei geht immer! Christbaumkugeln und so Glump kafft kaum oaner, owa d'Fresserei geht immer! I hob mir a Waffel kafft!
Ich:	Jawoll!
Rüdiger:	Auf da Waffel is wenigstens koa Senf ned drauf! Bloß a Puderzucker!
Ich:	Haha, genau! A Puderzucker is da drauf, koa Senf. Is halt a Waffel.
Rüdiger:	Wolltst den Senffleck ebba mit der Serviette wegwischen?
Ich:	Ja genau!
Rüdiger:	Dann wird er no größer, gell? Weil man reibt ihn auseinander!
Ich:	Des is des, leider. Glump, verreckts! Man soll ned reiben, wenns ned sei muass!
Rüdiger:	Also dann: Scheene Feiertage!
Ich:	Ja, dankschön, ebenfalls!
Rüdiger:	Und an guadn Rutsch natürlich!
Ich:	Jawoll, dir aa!
Rüdiger:	Und a gsunds Neis! Weil d'Gsundheit is des Wichtigste, sog i immer!
Ich:	Aaf jeden Fall! Gsundheit, genau! Also dann …
Rüdiger:	Und aa dahoam scheene Griaß, gell!
Ich:	I richts aus! Also dann …
Rüdiger:	Schee, dass mir uns wieder amal troffa hamm!
Ich:	Wunderbar war des!
Rüdiger:	Man trifftse viel zu selten!
Ich:	Do host recht. Man sollt sich öfter treffa!
Rüdiger:	Also dann, bis Montag im Büro!
Ich:	Jawoll!

Kollege und Depp Rüdiger geht gottlob, um den Mund einen ekligen Puderzuckerrand. Doch weiteres Ungemach naht in Gestalt eines Nachbarn.

Nachbar:	Ja, da Herr Lauerer! Auch am Christkindlmarkt?
Ich:	Jawoll, Herr ... äh ... Ding!
Nachbar:	Alle Jahre wieder, sag ich immer, haha!
Ich:	Genau, alle Jahre wieder, haha! Da kommst du ned aus, Weihnachten is gnadenlos.
Nachbar:	Ihre Frau ist nicht dabei?
Ich:	Naa, de is ned dabei, mei Frau.
Nachbar:	Hoffentlich nicht krank?
Ich:	Naa, Fensterputzen, glaub i. Oder Sudoku, des machts aa gern.
Nachbar:	Muss auch mal sein, haha!
Ich:	Eben! Also dann ...
Nachbar:	Dann wünsche ich Ihnen schöne Feiertage!
Ich:	Ja, dankschön, gleichfalls!
Nachbar:	Und auch der Frau schöne Grüße!
Ich:	I richts aus, dankschön.
Nachbar:	Und gute Besserung!
Ich:	Brauchts ned, sie putzt ja bloß Fenster! Es sei denn, sie fallt auße!
Nachbar:	Hahaha! Ach Lauerer, Ihr Humor ist einfach köstlich! Schreiben Sie bald wieder ein neues Buch?
Ich:	Hob i vor, ja. Eventuell.
Nachbar:	Thema?
Ich:	Weihnachten wahrscheinlich, nervige Menschen am Christkindlmarkt. Oder Fensterputzen, wissen konnmas ned.
Nachbar:	Köstlich!
Ich:	Ja, dankschön! Also dann ...
Nachbar:	Und einen guten Rutsch wünsche ich Ihnen!
Ich:	Jawoll, ebenfalls, kommens guad ume ins neie Jahr!
Nachbar:	Aber wir sehen uns vorher bestimmt noch!
Ich:	Ja, leid ... äh hoffentlich!
Nachbar:	Aber falls nicht: Bleiben Sie gesund!
Ich:	Des is des Wichtigste!
Nachbar:	Ich sag immer: Wenn du reich bist und nicht gesund, bist du trotzdem ein armer Hund!

Ich:	Super! Des is super! Is des vo Eahna?
Nachbar:	*Stolz:* Jawohl!
Ich:	Wahnsinn! A direkter Dichter san Sie! Derf is des verwenden?
Nachbar:	Gerne, würde mich freuen!
Ich:	Also dann …
Nachbar:	Sie haben da einen Fleck am Hemd!
Ich:	Ja, danke, des war a Spritzer aus der Bratwurstsemmel, mittelscharf! Da is der Schuß nach hinten losganga! Man druckt vorn drauf, fladutsch, hauts hinten den Dreg außa!
Nachbar:	Ach, Ihr Humor ist einfach köstlich! Schuß nach hinten, fladutsch – ein echter Lauerer! Wie es Ihnen nur immer einfällt! Fladutsch! So ein Wort kann nur Ihnen einfallen, nur Ihnen! Unsereiner würde vielleicht „zack" sagen oder „hoppla". Aber Sie: fladutsch! Einfach spitzenmäßig! Kommen Sie wieder mal im Radio?
Ich:	I glaub scho, irgendwann.
Nachbar:	Suuuper! Ich hör Sie immer gerne! Also, auf bald! Und Empfehlung an die Frau Gattin! *Entfernt sich lachend, „fladutsch" murmelnd und kopfschüttelnd. In den letzten Sekunden der Unterhaltung ist bereits mein Kumpel Sepp neben mir gestanden und hat darauf gewartet, seine Weihnachtswünsche an mich loszuwerden.*
Sepp:	Servus Toni! I steh scho a Zeit lang do.
Ich:	Griaßde Sepp!
Sepp:	I hob di ja grad scho gseng, da vorn! Weil i mir no denkt hob aa: Schau her, da Toni is aa do! Grad aso!
Ich:	Ja, i bin aa do.
Sepp:	Wer war denn der grad, mit dem du gred host? War des a Preiß? Des war doch a Preiß!
Ich:	Ja genau, des war mei Nachbar, der is herzogen, vo Norddeitschland!
Sepp:	Und des is a Preiß?
Ich:	I glaub scho.

Sepp:	Wo is er denn her?
Ich:	Norddeitschland glaub i.
Sepp:	Fischkopf?
Ich:	I glaub scho, er red so wia da Helmut Schmidt gottselig. Ned so schlau, owa vom Dialekt her.
Sepp:	*Kopfschüttelnd:* Wos alles gibt! *Mit Blick und auf mein Hemd deutend:* Is des no da gleiche Senffleck wie letzts Johr?
Ich:	Naa, des is a neier! Den hobi erst seit 10 Minuten. Ganz frisch!
Sepp:	*Grinsend:* Gratuliere!
Ich:	Dankschön!
Sepp:	Owa guad sans scho, de Bratwurschtsemmeln!
Ich:	Guad sans scho!
Sepp:	Owa der bläde Senf!
Ich:	Genau! Der Depp der! Owa ohne Senf is aa nix! So bläd wia er is.
Sepp:	I wollt bloß scheene Feiertage wünschen!
Ich:	Dankschön, ebenfalls!
Sepp:	Natürlich aa dahoam! Sagst aa da Gemahlin scheene Griaß! Wos treibts denn?
Ich:	Fensterputzen glaub i duats.
Sepp:	Dass ihr wieder einen Durchblick habts, haha!
Ich:	Genau! Dassma wieder auße seng! Haha!
Sepp:	Und? Habts wos vor an de Feiertage?
Ich:	Mei, eigentlich … essen halt.
Sepp:	A geh! Des hättma mir aa geplant!
Ich:	Wos willst scho macha, konnst ja sunst nix macha.
Sepp:	Du sagst es, do host du vollkommen recht! Zum Schifahrn is zu warm und zum Baden is zu kalt! Des Wetter is aa koa Wetter mehr! Do wenn i an früher denk – des war no a Wetter damals. Owa heit? Hör mir aaf!
Ich:	Genau! Also dann …
Sepp:	Und an guadn Rutsch natürlich! Owa ned ausrutschen, falls es glatt wird!

Ich:	Haha, du wieder! Wias dir no immer eifallt, a Hund bist scho!
Sepp:	Mei, i war scho als Kind a Hund! Und gsund bleim, gell! Weil die schönste Krankheit is ned schee, wennmas selber hod!
Ich:	Haha, des is guad!
Sepp:	Hob i selber erfunden! Is vo mir, der Spruch! I hob do mehrere! Magst no welche hörn?
Ich:	Naa du, vielleicht a anders Mal, i muass weida!
Sepp:	Ok, pass aaf, folgender Spruch no: Daheim ist mein Weib die Herrscherin, guad, dass ich nie zuhause bin! Stark, ha?
Ich:	Super, a Brüller! Besser gehts ned.
Sepp:	Gell! Verkrafst no an Spruch?
Ich:	Du, i muass echt weida, a anders Mal! Also dann ...
Sepp:	Hob i dir scho scheene Feiertage gwunschen?
Ich:	Jaja, passt scho, danke dir! Also nacha ...
Sepp:	Ok, pfiade Toni! Der zwoate Spruch waar aso ganga: Auf dem Stadtplatz ging ein Mann, der hatte keine Hose an!
Ich:	*Gequält lachend:* Hammer! Der is stark!
Sepp:	Der geht ja no weida, und zwar: Daneben ging seine Frau, die ... hm, etz fallts mir nimmer ei, wias weidageht. Äh ... daneben ging die Gattin, die hat ... die sprach ... zefix, wia is etza der Spruch weidaganga?
Ich:	Is ja wurscht, kannst mir ja a anders Mal sagen!
Sepp:	Naa, wart, mir fallts scho wieder ei! ... Neben ihm sein böses Weib ... oder doch Frau? Oder Gattin? Hm ... ja gibts des aa, dass mir des nimmer eifallt! Herrschaftszeiten! Man wird allaweil blöder!
Ich:	Des stimmt! Als nacha! I muass echt weida!
Sepp:	Ok, servus nacha! I ruaf di o, wenns mir wieder eifallt! Is echt a super Spruch! *Geht gutgelaunt weiter, weil er seinen unsäglichen Schmarrn an den Mann gebracht hat. Um nicht einem weiteren Quälgeist zu begegnen, flüchte ich an einen Stand, an dem jemand Krippenfiguren ver-*

kauft. Leider ist dieser Jemand eine weitschichtige Verwandtschaft, was sich aber erst im Laufe des Gesprächs herausstellt.

Annamirl: Ja, da Toni Lauerer! Servus!
Ich: Ja, griaß Gott aa!
Annamirl: I derf doch Toni sagen, oder?
Ich: Kein Problem, passt scho. Toni is ok. Is ja mei Nam'.
Annamirl: No dazua, wo mir zwoa verwandt san.
Ich: Ehrlich?
Annamirl: No freilich! Kennst mi ned? I bins, d'Annamirl!
Ich: A geh! D'Annamirl?
Annamirl: Haargenau, d'Annamirl! Vo Lunzendorf!
Ich: Aaahhh, Lunzendorf! Kenn i ned! Und wia samma mir verwandt?
Annamirl: Woaßt des ned?
Ich: Äh, naa, eigentlich ned.
Annamirl: Vo dein Großvadda a Cousine, d'Loamweber Mare vo Franznried …
Ich: Wer?
Annamirl: No, d'Loamweber Mare! Kennst de ned? Vo Franznried!
Ich: Des duat mir leid, owa de kenn i ned. Wos war mit dera?
Annamirl: De hod a ledigs Kind ghabt, an Buam, den Schorsch. Angeblich war da Vadda da Grawusl Ferdl, owa des is bloß gred worden, offiziell war er's ned. Aaf jeden Fall hod de Mare den Schorsch ghabt, ledigerweis.
Ich: Den Schorsch?
Annamirl: Genau, etza samma beinander!
Ich: Den kenn i aa ned.
Annamirl: Macht nix, der is eh scho gstorm, Diphtherie hod er ghabt, des war damals recht in Mode. Heit hodma ja eher wos mitm Herz, oder Übergwicht! Vom Krebs will i gar nix sagen!
Ich: Diphtherie, aha! Da Schorsch.
Annamirl: Richtig! Und der Schorsch, der hod mit der Funzn Zenz drei Kinder ghabt. Woaßt scho, d'Funzn Zenz vo St. Blonzing.

Ich:	De kenn i aa ned.
Annamirl:	Funzn war ja bloß da Hausnam', in echt hods Kreszenz Loderbauer ghoaßn.
Ich:	De kenn i aa ned.
Annamirl:	Ja gibts des aa! Du kennst dei eigene Verwandtschaft ned!
Ich:	Duat mir echt leid!
Annamirl:	Etz pass aaf: Vo de drei Kinder vo da Funzn Zenz war oans a Bua, da Quirin.
Ich:	Aaahhh ja, da Quirin! Natürlich – da Quirin, da Bua vo da Funzn Zenz! Den kenn i aa ned.
Annamirl:	Haargenau! Und der hod vo meiner Schwiegertochter a Schwester gheirat, und drum samma mir verwandt!
Ich:	Do schau her! Wer hätt des glaubt!
Annamirl:	Brauchst an Ochsen?
Ich:	Wos???
Annamirl:	Ob du an Ochsen brauchst? I verkaaf doch Krippenfiguren, Ochsen san heit im Angebot! Oder a Jesukindlein? Do gibts heit drei zum Preis von zwoa! Da Opa hod dermaßen viel Jesukindlein gschnitzt – zum Sau fuadern! Der wenn amal dran is, der schnitzt und schnitzt! Anstatt dass er zwischendurch amal a Schaf schnitzt oder an heiligen Kini, schnitzt er oa Jesukindlein nach dem andern. Omei, der Opa! Mei, 88 Johr, und dürscht hodna immer! Der hod früher Reisch ghabt, wo du sagst: Hut ab! Brauchst a Jesukindlein?
Ich:	Naa danke, mir hamm koa Kripperl!
Annamirl:	Koa Kripperl?
Ich:	Ned oans!
Annamirl:	Ja dann! Noja, dann wünsch i dir scheene Feiertage!
Ich:	Ja danke, ebenfalls! Und scheene Griaß an den Gatten!
Annamirl:	Der is doch vor drei Jahren gstorm! Hamms dir des ned erzählt?
Ich:	Naa, duat mir leid! Dann trotzdem scheene Feiertage!

Annamirl: Danke dir! Und an guadn Rutsch und bleib gsund!
Ich: Ja genau, Gsundheit is des Wichtigste!
Annamirl: Des wollt i aa grad sagen! Wennst ned gsund bist, bist verratzt!
Ich: Owa ehrlich! Also nacha …
Annamirl: Brauchst wirklich koa Jesukindlein ned?
Ich: Echt ned.
Annamirl: An Ochsen? San im Angebot!
Ich: Naa, danke dir trotzdem fürs Angebot! Also dann, Annamirl …
Annamirl: Haltma zamm im neia Jahr, weil Bluat is dicker als Wasser! D'Familie muass zammhalten in dermaßen narrischen Zeiten!
Ich: Jawoll, haltma zamm! Also nacha, pfiade Annamirl!

Ich bin nervlich am Ende! Eigentlich wollte ich nur gemütlich und ungestört durch den Christkindlmarkt schlendern, eine Bratwurstsemmel essen, ohne mein weißes Hemd zu verschmutzen und mir dann noch einen Glühwein genehmigen. Die Lust auf diesen ist mir inzwischen vergangen, da ich am Glühweinstand mindestens fünf Personen erkenne, die mich kennen und die mir mit Sicherheit schöne Feiertage, einen guten Rutsch und ein extrem gesundes neues Jahr wünschen wollen. Und sie würden mich bestimmt auf meinen Senffleck hinweisen wollen. Außerdem wirken sie schon ziemlich angeheitert und es besteht die Gefahr, dass sie mich mit vermeintlich lustigen Sprüchen volllabern. Deshalb schaue ich bewusst nicht zum Glühweinstand, sondern auf die entgegengesetzte Seite und begebe mich in Richtung Ausgang. Kurz vor diesem kommt mir ein Bekannter entgegen.

Bekannter: Ja, da Toni! Du Toni, weil i di grad triff: I wünsch …
Ich: *Schreiend:* Bi bloß staad! Halt bloß dei Goschn! Wenn do oaner wünscht, dann i! I wünsch scheene Feiertage, an guadn Rutsch und a guads neis Jahr! Vor allem Gsundheit, weil des is des Wichtigste! Und scheene Griaß dahoam, aa von da Annamirl! Und i will koan Spruch hörn und i brauch koan Ochsen und koa Jesukindlein! Ob mir verwandt san, is mir scheißegal!

Und etza schau, dass du weidakimmst, du Depp! Und dass i an mittelscharfen Senf am Hemad hob, brauchst mir ned sagen, des woaß i scho! Und dass des klar is: Der is nagelneu, ned vom letzten Jahr!

Ich verlasse den Christkindlmarkt. Am nächsten Tag erzählt mir meine Frau, dass man ihr beim Einkaufen Mitleid entgegengebracht hat, weil ihr Mann schwer nervenkrank sei. Man habe ihn schreiend, völlig verdreckt und vermutlich betrunken vom Christkindlmarkt wegrennen sehen. Sollten Sie das auch gehört haben: Jetzt kennen Sie die wahre Geschichte!

Der Problemschneemann

Die Sprösslinge im Kindergarten,
sie können es kaum mehr erwarten,
dass es endlich kräftig schneibt
und dass der Schnee auch liegenbleibt!
Denn liegt und pappt die weiße Pracht,
so hat versprochen Fräulein Macht,
die bei den Kindern gern gesehen,
weil sie hat immer topp Ideen,
sie sprach: „Sollts schneien und nicht tauen,
dann werma einen Schneemann bauen!"
„Hurra, hurra!", hieß es allgemein,
„ein Schneemann, der ist cool und fein!"

Nur Metin aus der Südtürkei
war der Schneemann einerlei.
„Was ist Schneemann?", fragte er
die Kraxnhofer Jennifer,
„weißt, ich komm aus einem Land,
wo kein Schnee liegt, sondern Sand!"
Jenny sagte: „Das macht Spaß,
Schnee, der ist zwar kalt und nass,

aber mit ihm kann man etwas bauen,
mit Sand würd das niemals hinhauen!"
Das hat Metin gleich kapiert,
denn er war schon integriert.

Dann kam der Tag, es war so weit,
es hat gefroren und geschneit,
alle riefen voller Freude:
„Einen Schneemann baun wir heute!
Einen coolen weißen Buam,
als Nase kriegt er eine gelbe Ruam!"
Alle? Nein, die dürre kleine Dörte
war es, die der Schneemann störte!
Sie sah sein Geschlecht nicht ein
und zickte: „Eine Schneefrau soll es sein!
Die Welt wird von Männern dominiert!",
hat sie gesagt, doch nicht kapiert,
von der Mutter infiltriert,
die 12 Semester hat studiert!
Sie weiß deswegen ganz genau:
Die Zukunft, die gehört der Frau!

Tja, das arme Fräulein Macht
hat das gehört und sich gedacht:
„Omei, es ändern sich die Zeiten
und ich will keine Schwierigkeiten;
nicht, dass von mir behauptet wird
ich sei frauenfeindlich antiquiert!"
„Liebe Kinder", sprach sie dann,
„eine Schneefrau wird es und kein Mann!"
Metins Schulter hat gezuckt,
er hat gedacht: „Die sind verruckt!"
So weit, so gut, doch leider
gingen die Probleme weiter!

Kollegin Mandy sprach: „Bei aller Liebe,
was soll denn die gelbe Rübe?
Ein Nahrungsmittel mit Vitaminen
kann doch nicht als Nase dienen!
Essen erhält den Mensch am Leben,
drum ist es pädagogisch voll daneben
sie zu stecken ins Schneefraugesicht,
nein, sorry, so gehts wirklich nicht!"
„Na gut, dann keine Rübe mehr,
was nehmen wir als Nase her?",
fragte Fräulein Macht die Runde.
Es meldete sich klein Kunigunde:
„Man könnte Sellerie reinstecken,
weil Sellerie tut keinem schmecken!"

„Ach Kunilein, wie dumm du bist!
Sellerie ist auch was, was man isst!",
sprach Mandy, „du hast keinen Schimmer!"
Kuni dachte: „Ich meld mich nimmer!"
Schließlich kam man überein:
Eine Nahrungsnase muss nicht sein!
Es reicht ein Riechorgan aus Schnee,
weiß und kalt und trotzdem schee.
Doch merkte man an einem Kind,
dass noch nicht alle zufrieden sind.
Weil es sprach der Pfundner Kare:
„Die Schneefrau hat ja keine Haare!
Da merkt doch keine alte Sau,
dass des koa Schneemo is, sondern a Frau!"

Fräulein Macht sagte ziemlich herb:
„Karl, bitte nicht so derb!
‚Keine Sau', das ist nicht fein,
sage wenigstens ‚kein Schwein'!"
„Sau oder Schwein – ist doch egal",
dachte Karl und „du kannst mich mal!"

So gschert zu sein ist keine Zier,
und der Kare war erst vier!
Niemand hat zunächst gewisst,
was zu unternehmen ist,
dass man sofort erkennen kann:
Diese Schneefrau ist kein Mann!

Mittendrin sprach ziemlich keck
– Fräulein Macht bekam gleich einen Schreck –
es sagte Kare, der von eben:
„Und wenn wir eine Brust drankleben?
Einen Busen dick und fett,
das wäre weiblich und sehr nett!"
Ganz bleich wurde Fräulein Macht,
der Rest der Gruppe hat gelacht,
das Wort „Busen" reichte scho
für allgemeines Amusement!
„Nein Leute, eine Brust ist schlecht,
denn es ist nicht kindgerecht,
wenn vor der Tür vom Kindergarten
zwei Busen auf die Kinder warten.
Denn weibliche Brüste sind nun mal
ein deutliches Geschlechtsmerkmal;
und ein sexuelles Attribut
ist in diesem Alter gar nicht gut!"

Das sagte Fräulein Macht verstört,
sie hat gelesen und gehört,
dass Kinder sowas erst verstehn
ab zwölf Jahre, frühreife ab zehn.
Apropos frühreif: Die kleine Eva Falter
war unfassbar klug schon für ihr Alter.
Sie grinste und sprach: „Wie wärs?
Machma den Schneemann halt divers!
Kein Busen, keine Nase im Gesicht.
Ein kaltes Glied? Das braucht es nicht!

Nicht Schneemann, nicht Schneefrau, es hieße nur
Schneewesen oder Schneekreatur!"

Sofort herrschte Verlegenheit,
die anderen warn noch nicht so weit
und kein Kind hatte kapiert,
wohin Eva Falter da tendiert.
Und auch das brave Fräulein Macht
hat nervös bei sich gedacht:
„Welch ein Wahnsinn, welch ein Graus!
Wie kommen wir aus dieser Nummer raus?
Es ging doch so harmlos los,
einen Schneemann bauen wolltma bloß!
Und jetzt? Es hört sich an wie blanker Hohn,
hamma a Geschlechterdiskussion!

Oh Herrgott hilf!", rang sie die Hände,
„mach diesem Irrsinn jetzt ein Ende!"
Und Gott half, denn siehe da,
als sie aus dem Fenster sah,
da ging der Schnee in Regen über!
Das war Fräulein Macht dann lieber,
denn werden Kindergartenkinder nass
macht der Schneewesenbau null Spaß!
„Wir ziehen unsere Mäntel aus
und schauen aus dem Fenster raus!
Dann sieht jedes Kindergartenkind,
wie der schöne Schnee zerrinnt!",
so sprach Kindergartenfräulein Macht
und insgeheim hat sie gelacht!

Mein bescheidenes Resümee:
Irgendwie is nimmer schee!

Schon seit jeher ist es guter Brauch, dass man an den Weihnachtsfeiertagen verwandtschaftlich zusammenkommt und sich bei gutem, zu süßem, zu fettem und zu vielem Essen über das in den letzten Zügen liegende Jahr unterhält. Aber nicht nur über das, man ratscht über Gott und die Welt, weil man termin- und stressbedingt kaum mehr zusammenkommt. Schon klar, es gibt das Telefon, mit dessen Hilfe man auch unter dem Jahr Neuigkeiten austauschen könnte. Aber die Skrupellosigkeit und Kriminalität der heutigen Zeit ist schuld daran, dass die Oma den Telefonhörer nicht mehr abnimmt, wenn es läutet. Wenn es nicht läutet, dann sowieso nicht! Warum? Weil sie hinter jedem noch so harmlosen Anrufer einen Enkeltrickbetrüger vermutet! Opa hebt auch niemals ab, doch sein Grund dafür ist ein anderer: Er hat den Verdacht bzw. er ist überzeugt davon, dass die elektrischen Strahlen, die aus dem Telefon kommen, auf Dauer zur kompletten Verblödung führen. Als Beleg für diese extreme Auffassung führt er den geistigen Zustand der heutigen handysüchtigen Jugend an.

Und so kommt es, dass man die vielen Neuigkeiten und Informationen, die sich das ganze Jahr über angesammelt haben, nun an den Mann bzw. die Frau bringen will und muss. Oma und Opa freuen sich (Oma mehr als Opa), dass wieder einmal alle kommen: die Tochter Sabine und der Schwiegersohn Sepp mit den beiden Kindern Marvin und Lea und die unverheiratete Tante Frieda, die eine Schwester vom Opa und vermögend ist. Ihre finanziellen Verhältnisse sind der Hauptgrund dafür, dass sie gerne eingeladen wird, eigentlich der einzige Grund. Tante Frieda ist schon da, nun treffen die anderen vier Gäste ein zum

Besuch am zweiten Weihnachtsfeiertag

Oma: Ja, da seids ja! Mei, schee, dass ihr wieder amal vorbeischauts bei uns! Mir hamm uns ja scho ewig nimmer gsehn!

Sabine: Griaßde Mama! Noja, an Allerheiligen hamm wir uns doch am Friedhof troffa!

Oma: Des stimmt aa wieder! Schee wars am Friedhof! So staad!

Opa:	De wo am Friedhof beheimatet san, de san meistens ziemlich staad! Über ein Gschroa am Friedhof hod sich no koaner beschwert!
Oma:	Ach, du wieder! *Mit Blick zum Enkel:* Mei Martin, bist du groß worden seit Allerheiligen!
Marvin:	Marvin, Oma!
Oma:	Wos?
Marvin:	I hoaß Marvin, ned Martin!
Oma:	Glaubst, i könnt mir des mirka! De neimodischen Namen konn i mir einfach ned mirka! Da Bua vom Nachbarn hoaßt Knut, do sag i aa immer Kurt! Er hod recht Probleme mit seiner Haut, da Kurt! Es is a Allergie!
Opa:	Knut hoaßta! Und etz lass doch de Leit zerst hisetzen, Lisbeth! De san ja no gar ned richtig herin und du redst und redst! Über d'Haut vom Nachbarsbuam! Etz kommts eina und setzts eich hi!
Oma:	Ja freilich, kommts eina! Griaßde Lena! Griaßde Sepp!
Lea:	Oma!!! Ich heiß doch Lea!
Oma:	Ach ja! Glaubstas, de neimodischen Namen, i konn mir de ned mirka! Griaßde Lea! Du bist aa scho groß! Kimmst etza du bald in d'Schul?
Lea:	Ich geh schon seit September in die Schule!
Oma:	Und in wos für a Klasse?
Lea:	In die erste!
Oma:	Do schau her, in die erste scho! *Leise zu Sabine:* Dass des Kind Hochdeitsch red? Man könnt moana, sie is a Preiß!
Sabine:	Keine Ahnung, des hods scho im Kindergarten gmacht! Is ja ned so schlimm!
Oma:	Owa da Martin red wie mir!
Sabine:	Der hoaßt Marvin, Mama!
Oma:	Natürlich! Entschuldige Marvin! Owa schee, dass du Boarisch redst!
Opa:	*Unwirsch:* Hildegard! Etza lass de Leit ned de ganze Zeit in da Tür steh! Mensch Meier, jedes Mal des gleiche Theater! De Leit san no gar ned in der Stubn herin und du schraubst eahna scho a Gespräch ins Knie!

Oma: *Schuldbewusst:* Ja mei, i gfreimi halt aso, weils wieder amal alle da san! Dann setzts eich hi, dann kinnma in Ruhe ratschen! Gebts mir eiere Mäntel, i hängs dann aaf!

Alle ziehen ihre Mäntel aus, geben sie der Oma und setzen sich auf die Couch und die Stühle, die im Wohnzimmer bereitstehen. Jeder versucht, die unmittelbare Nachbarschaft zu Tante Frieda zu vermeiden, da diese sich seit Jahren hauptsächlich von frischem Knoblauch ernährt. Dies hat zwar zur Folge, dass ihre Durchblutung tadellos ist, ihre sozialen Kontakte jedoch gegen null gehen. Diesmal trifft es den armen Sepp, der dummerweise als Einziger in der Diele seine Schuhe ausgezogen hat und deshalb als Letzter ins Wohnzimmer kommt. Die Oma ist nun mit dem Mantelaufhängen fertig und gesellt ich zur Familienversammlung. Die kurze Stille unterbricht Opa mit seiner Standardfrage an die Runde: „Und? Alles klar?"

Sepp: Mei, passt scho!
Sabine: Am Heiligen Abend hamma Sushi ghabt, alle vier!
Opa: Ach du Schreck! Is des ansteckend?
Sepp: *Lacht.* Naa, des is koa Krankheit! Des is a japanische Speise.
Opa: Do schau her! Und des kannst du kocha, Sabine?
Sabine: Naa, des hamma uns bringa lassn!
Opa: Bis vo Japan?
Sabine: Naa, do gibts aso an Bringservice bei uns! „Schnell & heiß zu kleinem Preis" hoaßt der!
Opa: Und? War er dann no hoaß, da Fudschi?
Sepp: Sushi!
Opa: Genau! War er no hoaß?
Marvin: Des Sushi isstma kalt, Opa! *Lacht.* Fudschi! Du immer, Opa, mit deine Wörter!
Oma: Gell, Markus, der Opa immer!
Opa: Martin hoaßta! Mirk dir des halt amal!
Marvin: Marvin!
Opa: Genau! *Zu Oma:* Mirk dir des endlich! Und, Lena, hod er dir gschmeckt, da Sushi?

Lea:	DAS Sushi! Und Lea, nicht Lena, Opa! Sushi isst man mit Ingwer, Wasabi und Sojasoße! Und weißt du was? Wir haben mit Stäbchen gegessen!
Opa:	Hör auf! Habts koa Bsteck? Oma, do hamma scho a Gschenk fürs nächste Weihnachten! Do schenkma denen a paar Messer und Gabeln und Löffel! Brauchts kloane Löfferln aa, fürn Kafä?
Marvin:	*Amüsiert sich köstlich über den kulinarisch einfältigen Großvater.* Opaaaa! Mir hamm doch a Bsteck, jede Menge! Owa d'Japaner essen Sushi mit Stäbchen, de essen alles mit Stäbchen! Und wir wollten des original essen und drum hamma Stäbchen gnumma!
Lea:	Genau, Opa! Natürlich haben wir genügend Besteck!
Oma:	Ha, dass etza des Kind so brutal Hochdeitsch red! Und da Bruada red wie mir! Wia's sowos gibt! Also d'Natur is scho faszinierend! Mog wer scho an Kafä?
Sepp:	Warum ned! An Kafä konnma immer trinka!
Sabine:	Genau, Mama, a Schlückerl Kafä waar etz ned schlecht!
Opa:	Hostas ghört, Renate? Moch de Leit an Kafä!
Tante:	Mir fei an koffeinfreien, gell! Wega mein Magen!
Opa:	Ach geh, Frieda! In deinem Alter is doch des aa scho wurscht! Magen hi, Magen her! An irgendwos MUASST ja sterben!
Oma:	*Tadelnd:* Alois! Sei ned immer so gschert zu deiner Schwester!
Frieda:	*Leicht gekränkt:* Lass es guad sei, Renate! Der war scho immer aso a Büffel! Der hod scho als Kind keinen Anstand ned ghabt! Amal hod er mir an Frosch ins Bett eineglegt! Und der hod sich lang staad ghalten. Und mittendrin, wie i mi im Schlaf umdraht hob, hod er quakt! Mi hätt ums Haarlhoor da Schlag troffa! Und er war so feicht! *Zu Opa:* Woaßt des no, du Grobian?
Opa:	*Grinsend:* War des ned a Eidechsn?
Frieda:	Des war später! Des erste war a Frosch!
Opa:	Jamei, Spaß muss sein! Und gschadet hods dir ned, oder? Schau her, heit bist sogar beim Tierschutzverein!

	Geschadet hods dir ned! Und mit a bissl an Glück waar efentunell sogar a Prinz draus worden!
Frieda:	Depp! *Nachdenklich und frustriert:* Aaf da andern Seitn warn der Frosch und de Eidechsn de oanzigen zwoa Wesen, de je in mein Bett glegen san, außer mir selber! Da Frifringer Franz hättma gfalln, owa der hod d'Annamirl gmigt und mi ned. Es is a Kreiz! *Schüttelt verzweifelt den Kopf, fasst sich aber schnell wieder und sagt dann selbstbewusst:* Mei, wer woaß, für wos dass guad war! Is mir vielleicht vieles erspart blieben! Stellts eich vor, i hätt oan kriagt und der hätt sich als Depp entpuppt! Des waar aa nix!
Oma:	*Dreht sich auf dem Gang zur Küche nochmal kurz um.* Do host du recht, Frieda, do host du vollkommen recht! Schau dir doch den Frifringer Franz o: Kaum war er verheiratet, is er wampert worden und plattert! Lang hättst koa Freid ghabt an eam! Und wia der schwoaßelt, zum Grausen! Der wenn etza in d'Stuben einakema daadert, dann daaderten d'Fenster olaffa! Sei froh, dass er di ned gmigt hod, etza konn sich d'Annamirl oweärgern mit eam und sein Körpergeruch! So, und etza dads eich schee unterhalten, i bin kurz in da Küch' und mach eich an Kafä, gell!
Marvin:	Oma, für mi bitte an Opflsoft!
Lea:	Und für mich bitte eine gelbe Limo!
Oma:	*Kopfschüttelnd zu sich selber:* ,Eine' Limo sagts, wia a Preiß! In Bayern is a Limo geschlechtlich neutral und ned weiblich! Da Martin sagt ,Opflsoft', wiasase ghört!

Sie verschwindet in die Küche, im Wohnzimmer kommt schleppend eine Unterhaltung in Gang.

Sepp:	Und, Tante Frieda? Bei dir alles guad so weit?
Frieda:	Ja, geht scho! A neie Hüftn brauch i halt und neis Knia. Mei Hühnerauge druckt mi aa gewaltig, owa bloß wenn i Schuah anhob. Kopfweh hob i aa, owa bloß, wenn i wach bin. Vo meine Blähungen und vo mein harten

	Stuhl will i etza nix sagen. Von der Verstopfung aa ned, weil etza gibts ja glei an Kuchen und Plätzln.
Lea:	Tante, wenn du so einen harten Stuhl hast, warum kaufst du dir dann keinen weichen? Auf dem könntest du bestimmt besser sitzen!
Frieda:	*Lacht gequält.* Des verstehst du ned, Lisa.
Lea:	Lea!
Frieda:	Des verstehst du ned, Lea! Do gehts um einen anderen harten Stuhl. Des erklär i dir später mal. *Zu Sepp:* Sonst is bei mir alles in Ordnung, etz amal abgesehen von de Kreizschmerzen. Weil des dauernde Huasten, des nimm i nimmer so ernst, weil des hob i scho lang. I daad direkt wos vermissen, wenn i nimmer huasten miassert.
Sepp:	Des hört man gern, wenn alles passt bei dir! Is scho schee, wenn man in dein Alter no so topfit is! Wia alt bist jetza? 86, oder?
Frieda:	79!
Sepp:	Schau her! Schaust deutlich jünger aus! Guad ghalten, gratuliere! *Zu Opa:* Und, Papa? Bei dir aa alles klar?
Opa:	So fit wia d'Frieda bin i ned, weil dera fehlt ja praktisch überhaupt nix. Owa mei, wos willst macha! *Zuckt mit den Schultern.*
Sepp:	Wo fehlts denn?
Opa:	Mei, durt und do.
Sepp:	Ah geh! So schlimm?
Opa:	Hilft nix! Übrigens: Nächste Woch, ab Mittwoch, hamm bei mir de Zuagroastn die Mehrheit!
Sepp:	Ha? Wia moanst jetza des? Wos für Zuagroaste?
Opa:	De in mein Mund! I kriag am Mittwoch zwoa neie Implantate. Und dann hob i mehr fremde Zähn' wia eigene.
Frieda:	Also aaf den Schmarrn muassma aa erst amal kema! De Zuagroastn im Mund hamm die Mehrheit! Du wirst aa nimmer gscheida. Du und deine komischen Spassettln.
Opa:	Ohne Spassettln hod's Lem koan Sinn ned! *Zu Marvin, den das Gespräch über die diversen körperlichen Gebrechen*

	sichtlich langweilt: Und, Marvin? Wos hod dir nacha 's Christkindl bracht? Bist zufrieden?
Marvin:	*Vorwurfsvoll:* Opa! Glaubst du no ans Christkindl? Des gibts doch gar ned in echt!
Opa:	Natürlich gibts des! Des is doch des Jesukindlein!
Marvin:	Des Jesukindlein gibts scho, owa des bringt doch nix! Da Papa bringt wos! I hab zum Beispiel am Heiligen Abend vom Papa a Handy kriagt.
Sabine:	*Mit erhobenem Zeigefinger:* Vom Papa und von MIR!
Marvin:	Ja, okeeee, vom Papa und von da Mama. Owa ned vom Christkindl.
Opa:	A Handy, natürlich! I brauch so a Zeig ned, dassdas woaßt! Des is die elektrische Volksverdummung! I brauch des ned! Vorn an da Straßenkreizung, do is letzte Woch a elfjähriges Deandl stockvoll mitm Hirn an a Halteverbot drogrennt, weils dauernd ins Handy eingafft hod! Etza is no bläder wia vorher! Und de war vorher scho ned de Allergscheiteste!
Frieda:	I mog de Handy aa ned! De Nummern, de san so kloa, i daad mi do dauernd vertippen und Leit oruafa, de i gor ned kenn! Is ja mitm normalen Telefon scho schwierig, Des letzte Mal wollt i d'Irene oruafa, war a Italiener dran. Ristorante Avanti! „Prego" hod der gsagt, aso a komischer Nam'! I hob „Entschuldigung, Herr Prego" gsagt und dann glei wieder aafglegt.
Sepp:	Es gibt owa fei aa Handys für ältere Leit, mit extra große Tasten!
Frieda:	Hör mir aaf mit dem Deifelszeig! Is früher aa ohne Handy ganga. Damals, in meiner Jugendzeit, do hodma aa no ohne Telefon wos ausmacha kinna.
Opa:	Du scheinbar ned, sonst hättst oan kriagt und waarst ned überbliem.
Frieda:	Du bist und bleibst a Büffel!
Lea:	Tanta Frieda, wie meint der Opa das? Du bist übrig geblieben?
Frieda:	Der will mi bloß zum Narren halten, Lore!

Lea: Lea!
Frieda: Lea. Der machtse lustig über mi, weil i koan Mann ned hab.
Lea: Das ist voll gemein! Es ist doch nicht schlimm, wenn man keinen Mann hat. Ich hab ja auch keinen!
Frieda: *Zu Opa:* Segstas, Bruderherz – d'Laura hod aa keinen Mo ned und is glücklich!
Lea: Lea!
Frieda: D'Lea.
Opa: Sehr witzig! Wos host denn nacha du vom Christkindl kriagt, Lea? A Puppe?
Lea: *Stolz:* Einen veganen Kaufladen!
Opa: Einen wos?

Gerade als Sabine für Lea antworten will, kommt die Oma mit den Getränken aus der Küche. Nachdem sie jedem das Seine hingestellt hat, holt sie noch Plätzchen und allerlei anderes Gebäck. Der Tisch ist zum Bersten voll.

Oma: Sodala, etza bedients eich! Wenn alles weg is, dann gibts no Brote mit Krakauer!
Sabine: *Vorwurfsvoll:* Mama! Wer soll denn des alles essen? Des is ja ein Wahnsinn!
Opa: Etza langts hi, dass des Zeig wegkimmt! *Zu Lea:* Berta, fang o! Nimm dir was!
Lea: Lea!
Opa: Genau! Lea, fang o! Nimm dir was! Do schau her, do waar a Bienenstich. Magst an Bienenstich?
Lea: Nein danke, Opa! Weißt du, ich habe eine Laktoseunverträglichkeit!
Oma: *Erschrocken:* In dein Alter scho? Ja gibts des aa! I vertrag koan Alkohol und koa Weißkraut, sonst alles.
Opa: Lea, in deinem Alter hob i no alles gfressn! Ohne Rücksicht auf Verluste! D'Radieserln zamt da Wurz aus da Erd außagrissn, den gröbsten Dreg an da Lederhosn abgwischt und dann des Radieserl gfressn! Und wos is passiert? Nix is passiert, im Gegenteil: Mir san pum-

	perlgsund gwesn, san gwachsen und gediehn! Dreck macht Speck!
Oma:	Des will etza kein Mensch wissen, Hans! Jedes Mal, wenn mir Gäste hamm, fangst du o mit deine dreckigen Radieserln, jedes Mal! Was magst denn nacha, Lea?
Opa:	*Überrascht:* Jetza hast sogar ihren Nam' richtig gsagt!
Oma:	Gell! Lea, was magst denn gern essen? Suach dir wos aus! *Hält ihr die Schüssel mit reichlicher Plätzchenauswahl hin. Lea nimmt nach kurzer Begutachtung des Angebotes ein karges kleines Plätzchen, das laktosemäßig unverdächtig aussieht.*
Opa:	Des allerkloanste! Do is koa Wunder, dass du so zaundürr bist! Haut und Boa!
Lea:	Haut und was?
Opa:	Boa! Knochen san des! Das Boa, die Boiner – des is d'Mehrzahl.
Sabine:	Papa! Es is nimmer wia in deiner Kindheit! Damals hats ghoaßn ‚rund und gsund'!
Opa:	Mei, glei nach dem Kriag wars so! Des war a harte Zeit! Geben hods praktisch nix! Wurzeln hodma gfressn und Baumrinden, zwischendurch an Maikäfer, als Snack!
Oma:	Hans! Etza derfst owa aufhörn! Du bist 1971 in d'Schul kema! Des war doch ned glei nach dem Kriag! Und a harte Zeit wars a nimmer!
Opa:	*Trotzig:* Owa Handy hods koans geben!
Oma:	Na und? Um des gehts jetza ned. Hör endlich amal auf mit deiner harten Zeit und deine Baumrinden! A Fleischwurscht host du als Kind gfressn und koa Baumrinde! Dei Voda, der hod vielleicht a harte Kindheit ghabt, owa du ned!
Opa:	*Leicht beleidigt:* Na guad, dann wars halt mei Voda! Etza essts!
Frieda:	Also de Kokoshäuferln san 1a, Renate! 1a mit Stern!
Oma:	Dankschee, Frieda! Do hob i a ganz a spezielles Geheimnis, wos de betrifft.
Frieda:	Ehrlich? Erzähl!

Oma: I dua in den Doag an Amaretto eine, bloß a Spritzerl. Woaßt, des gibt a ganz a dezentes Mandelaroma. Fein!
Frieda: *Schmatzend:* Ganz guad, Renate, ganz ganz guad! Do nimm i glei no oans, hihi!
Oma: Nimm no Frieda, nimm no! San gnua do! Langts alle kräftig hi, ned dass wos überbleibt!
Lea: Wie die Tante!
Oma: Die Tante?
Lea: Ja! Opa hat nämlich gesagt, die Tante ist auch übrig geblieben.

Alle lachen über den gelungenen Einwurf des hochdeutsch sprechenden Kindes, die Tante lacht notgedrungen und eventuell enthemmt durch einige Tropfen Amaretto auch. Es gäbe noch viel zu erzählen über die weihnachtliche Zusammenkunft, die bis weit in den Abend hinein gedauert hat. Aber lassen wir die Familie jetzt ungestört weiter essen und ratschen. Nicht dass noch etwas übrig bleibt! Weil das Gebäck muss komplett weg – erst dann gibt es die Krakauerbrote mit Essiggurkerlscheiben! Und auch die müssen weg, damit das Einzige, was übrig bleibt, die Tante bleibt.

Schlechte Vorbereitung

Kare: So, d'Wintersportsaison hod begonnen!
Sepp: Ja, sehr plötzlich! I war heuer total schlecht vorbereitet! Biathlon, Schispringen, Bob, Alpin, alles geht aafamal los – und i nicht vorbereitet! Da macht da ganze Wintersport koan Spaß, wenn du dermaßen schlecht vorbereitet bist!
Kare: Wos redst denn du für einen Schmarrn daher! Warum schlecht vorbereitet? Du machst doch überhaupt koan Wintersport ned!
Sepp: I red ja ned vom Wintersport **macha**, sondern vom Wintersport **anschaun**!

Kare:	Am Fernseh?
Sepp:	Genau!
Kare:	Und warum warst du schlecht vorbereitet?
Sepp:	Weil mir am Samstag die Chips und d'Erdnüss ausganga san und am Sonntag aa no des Weißbier!
Kare:	Um Gottes willen! Do macht dann da Wintersport koan Spaß!
Sepp:	Sog i doch!

Knaller aller Art

Sepp:	Hostas gseng am Fernseh?
Kare:	Wos denn?
Sepp:	De Ausschreitungen an Silvester! Sachbeschädigung, Körperverletzung und so weiter! Lauter Deppen! Obwohl Böllerverbot war!
Kare:	Des is des Problem: Knall**körper** konnma verbieten, Knall**köpfe** leider ned!

Schanzengleichheit

Sepp:	Wennmas genau bedenkt, dann is Schispringen scho a einmaliger Sport!
Kare:	Inwiefern?
Sepp:	Weil beim Schispringen sogar da Allerschlechteste eine Schanze hod!
Kare:	Hob i dir scho gsagt, dass du a ziemlicher Depp bist?
Sepp:	Scho öfter!

Schuld des Wirtes

Kare: Es is einfach nicht zu fassen, wia unverschämt dass manche Leit san!
Sepp: Do host du recht! Warum nacha?
Kare: Host des ned mitkriagt vo Schweden?
Sepp: Vo Schweden? Wos war in Schweden?
Kare: Do hod oaner in einem totalen Luxusrestaurant für 20 Personen reserviert für a Weihnachtsfeier!
Sepp: Des is doch ned unverschämt!
Kare: Etzat wart, es geht ja weida! Dann hamm de 20 Leit für 7000 Euro gfressn und gsuffa und dann hod der, der wo reserviert hod, die Zeche ned bezahlt! Des muasst dir amal vorstellen: a Weihnachtsfeier und dann 7000 Euro Schaden!
Sepp: Noja, so ganz unschuldig is owa do da Wirt ned!
Kare: Wieso? Wos konn denn der dafür?
Sepp: Wenn er ned so deier waar, dann waar da Schaden ned so hoch!

Später Frühling

Sepp: Glaubstas, etz hamma scho Ende April und es is allaweil no so saukalt!
Kare: Des stimmt! Heier kimmt da Frühling gscheit spät!
Sepp: Scho komisch! Es hoaßt doch allaweil, dass wärmer wird. Und trotzdem kimmt da Frühling so spät. An wos liegt denn des dann?
Kare: Wahrscheinlich kimmt er mit der Deutschen Bahn!

Sieg der Vernunft

Bedienung: Hamms Eahna scho wos ausgesucht?
Frau: Ja, i kriagert bitte des Bärlauchsupperl mit Bauernbrot!
Bedienung: Jawohl, einmal Bärlauchsüppchen, gerne! Und der Herr?
Mann: I nimm den Schweinshaxen mit Knödel und Kraut!
Bedienung: Einmal Haxe knusprig gebraten, sehr wohl! *Will gehen.*
Frau: Moment, Fräulein, an kleinen Moment bitte! *Zum Mann:* Schatz! Also i daad sagen, nach dem guadn und reichlichen Essen an de Weihnachtsfeiertage waar a Salat ned schlecht! Moanst ned aa?
Mann: Host aa wieder recht! Also Fräulein, dann bringens mir bitte zum Schweinshaxen no an Salat!

Auf Kreuzfahrt

Sepp: Und Kare? Bist nächstes Wochenende dabei beim Schafkopfturnier vom Obst- und Gartenbauverein?
Kare: Naa, koa Zeit!
Sepp: Koa Zeit? Du? Als Rentner? Wia des?
Kare: I mach a Kreuzfahrt!
Sepp: A Kreuzfahrt? Wia lang?
Kare: Vier Wocha!
Sepp: Vier Wocha? Hut ab! Wohi? Karibik? Mittelmeer?
Kare: Bad Füssing!
Sepp: A Kreuzfahrt nach Bad Füssing? Red doch koan so an Schmarrn daher! Man macht doch koa Kreuzfahrt nach Bad Füssing!
Kare: Doch! I fahr nach Bad Füssing wega mein Kreiz!

Zeit wirds

Sepp: Und Kare? Wos treibst allaweil?
Kare: Gestern Arztbesuch!
Sepp: Bist krank?
Kare: Ned direkt, owa mei Frau hod an Termin ausgmacht beim Augenarzt. Sie is der Meinung, i seg schlecht. Und dass i a Brille brauch, moants.
Sepp: De Frauen immer! De meine behauptet, i hör schlecht! Weil immer, wenn sie mir an Auftrag gibt, sog i angeblich „wos sagst?". Reine Einbildung!
Kare: Mog sei, owa de meine hod scheinbar scho a bissl recht!
Sepp: Warum?
Kare: Weil da Augenarzt hod mit mir an Sehtest gmacht. I hob aaf so a Tafel schaun miassn und dann hod er gsagt: „Jetzt lesen Sie mir bitte mal die erste Zeile vor!" I hob mi echt konzentriert, owa keine Chance, es waar a reine Raterei gwesen. Dann hob i gsagt „Herr Doktor, i konn beim besten Willen nicht einen Buchstaben deutlich erkennen! De san ziemlich verschwommen. Es waar eine reine Raterei!" Dann hod er gsagt: „Des glaub i Eahna sofort, weil des san keine Buchstaben, sondern Zahlen!"

Alterserscheinung

Kare: Gestern hamma Weihnachtsfeier ghabt vom Schützenverein!
Sepp: Und? wars schee?
Kare: Jaja, hod scho passt! Glühwein, Plätzln, Oh du Fröhliche, des Übliche halt! Und de Tochter vom Kassier hod a Gedicht vorglesen vom Ochs und vom Esel in Bethlehem. War recht nett, obwohls dreimal hängen blieben is und nimmer weidagwisst hod! Mei, de war nervös;

	nach da zwoatn Strophe hods bieseln miassn vor lauter Aufregung!
Sepp:	Kinder! Und sunst?
Kare:	Ehrungen warn dann no. I bin geehrt worden für 40 Jahre Mitgliedschaft! Mit da silbernen Ehrennadel des Schützenbundes!
Sepp:	Hut ab!
Kare:	Dankschön! Die Zeit vergeht! So einer Ehrung kimmst du praktisch ned aus. Da Schützenmeister hod gsagt: „Und, Karl? Was sagst jetza do dazua, dass ich dir die Ehrennadel anstecke?" Dann hob i gsagt: „Ja mei, mit zunehmendem Alter steigt die Ansteckungsgefahr!"

Wandel der Sprache

Sepp:	Es is nimmer wia früher!
Kare:	Wos moanst du do?
Sepp:	Einiges! Zum Beispiel bei de Auto! Früher wenn a Auto 30 Jahre alt war, dann wars a alte Kistn! Heit sagtma Oldtimer!
Kare:	Des stimmt! Also rein sprachlich is vieles anders. Owa ned bloß Kfz-mäßig, aa meteorologisch!
Sepp:	Meteorologisch?
Kare:	Jawoll! Früher wenns 40 Zentimeter gschneibt hod, dann hodma gsagt „Winter". Heit wenns 40 Zentimeter schneibt, dann sagtma „Schneekatastrophe"!

Zukunftsängste

Sepp: I sog dir des oane: I bin etza direkt froh, wenn der Weihnachtsurlaub vorbei is!
Kare: Ehrlich?
Sepp: Ehrlich!
Kare: Und warum?
Sepp: Weil i mi gfrei, dass in da Arbeit ned den ganzen Dog wos zum essen gibt! De ewigen Plätzln, des Essen mit der Verwandtschaft, de Weihnachtsmärkte, eine wüste Fresserei!
Kare: Do hast du recht! Owa auf da andern Seitn: Wos daad man denn den ganzen Dog? Irgendwos muassma ja macha! Also isstma!
Sepp: Scho klar! Owa trotzdem: I fühl mi dermaßen voll, dass nimmer schee is! Und irgendwie hob i direkt Angst.
Kare: Vor wem?
Sepp: Vor der Rente! Weil da Weihnachtsurlaub war ja bloß vorübergehend, owa die Rente is dauerhaft! I fürcht, wenn i dann immer Zeit hob zum essen, dann zreißts mi eventuell!

Merkzahlen des Winters

Wenn es 5 cm schneibt, dann geht das Schlittenfahren.
Wenn es 10 cm schneibt, dann geht das Schneemannbauen.
Wenn es 20 cm schneibt, dann geht das Schneeschuhgehen.
Wenn es 30 cm schneibt, dann geht das Langlaufen.
Wenn es 40 cm schneibt, dann geht das Schifahren.
Wenn es 50 cm schneibt, dann geht gar nix mehr!

Es heißt ja, dass die Heilige Nacht eine ganz besondere Nacht ist, eine magische Nacht sogar! Zum einen natürlich wegen der Geburt Christi, zum anderen sollen ja in dieser Nacht die Tiere sprechen können. Seit wann? Ich denke, schon seit der Nacht der Geburt unseres Herrn. Denn da standen ja bekanntlich ein Ochse und ein Esel neben der Krippe und erlebten das Wunder live mit. Und der Ochse sagte zum Esel: „Ey Esel! I hob des Gefühl, dass heit Nacht wos ganz wos Besonderes passiert is!" Und der Esel sagte: „I aa!" So oder so ähnlich verlief das erste Gespräch zwischen zwei Tieren. So vergingen die Jahre, die Jahrzehnte und die Jahrhunderte, und immer in der Heiligen Nacht konnten die Tiere vorübergehend sprechen. Ich möchte euch jetzt von einer ganz speziellen Heiligen Nacht berichten und davon, was in dieser Nacht in einem Stall in der Oberpfalz zwischen den dort anwesenden Tieren gesprochen wurde. Woher ich das weiß? Ein alter Mann, noch älter als ich, hat mir das erzählt. Er sagte, er war noch ein kleiner Bub damals und er hat von seinem Großvater von dem Wunder der sprechenden Tiere gehört. Und weil er ein unheimlich neugieriger Bub war, hat er sich seinerzeit auf die Lauer gelegt und die Unterhaltung der Tiere verfolgt. Er konnte es nicht aufschreiben, was er gehört hatte, weil er noch nicht schreiben konnte, aber er hat sich fast alles merken können. Im Stall war er natürlich nicht, denn sonst hätten ihn die Tiere ja bestimmt bemerkt und nichts gesagt, aber er hatte die Stalltüre einen kleinen Spalt offengelassen und darum konnte er mir die Geschichte erzählen, wie sie war damals, die

Sauerei in der Heiligen Nacht

Da standen sie also beieinander, in einem Stall irgendwo in der Oberpfalz. Die beiden Kühe Euteria und Kuhnigunde, das Kalb Keibl, daneben die Sau Grunzine mit ihrem Mann Eberhard und den beiden Kindern Ripperl und Wammerl. Hinten, rechts in der Ecke saß die Ziege Goaßalia mit ihrer Gefährtin, dem Schaf Schoof. Nicht vergessen dürfen wir den Chef des ganzen Stalles, den Stier Horno, der ganz vorne stand, noch vor den beiden Kühen! Apropos: Sowohl Euteria als auch Kuhnigunde waren in den stattlichen Horno verliebt, logisch eigentlich. Aber dem starken Stier gefiel nur Kuhnigunde. Euteria erregte ihn nicht, denn ihr linkes Horn war schief und das war für Horno äußerst unattraktiv, abgesehen davon, dass Euteria schon eine „olte Kouh" war, wie man in der Oberpfalz sagt. Er hatte ihr das früher in einer Heiligen Nacht mal ins Kuhgesicht gesagt und sie war sehr gekränkt gewesen damals – und war es heute noch!

Aber trotz großer Zuneigung musste die Liebe zwischen Horno und Kuhnigunde platonisch bleiben, denn beide waren angehängt und konnten nicht zusammenkommen. Die eifersüchtige Euteria freute das und sie dachte: „Ällabääätsch! Auch wenn ihr euch noch so verliebt anschaut mit euren großen Kuhaugen – des wird nix mit Amore!"

Kuhnigunde bemerkte die gehässigen Blicke von Euteria ganz genau und sie dachte sich: „Blöde Kuh!"

Das alles war Grunzine völlig egal. Sie fühlte sich sauwohl, denn sie hatte ja ihren Eberhard und der war nicht angehängt! Wann immer sie Lust hatten, konnten sie zusammen schmusen, im Dreck herumschnufeln oder schweinische Dinge miteinander machen. Dass sie das auch taten, bewies die Existenz von Ripperl und Wammerl! Eigentlich hatten die beiden noch ein Geschwisterchen namens Haxl, aber das war seit einem Jahr abgängig und niemand wusste, wo es geblieben war. Dazu aber später mehr!

Es gab noch Hunderte andere Tiere im Stall, nämlich die Fliegen. Aber auf die brauche ich nicht näher einzugehen, denn die waren allen nur lästig und Namen hatten sie auch nicht.

So, nun kennt ihr alle Bewohner des Stalles und nun kann ich euch die Geschichte erzählen, die mir der alte Mann erzählt hat. Die Geschichte von der Heiligen Nacht, als er noch ein kleiner Bub war, der noch nicht einmal schreiben konnte.

Die Uhr in der Bauernstube schlug Mitternacht, als Kuhnigunde sagte: „So, Leit, samma wieder soweit! Etza kinnma wieder ratschen, bis der Zauber der Heiligen Nacht vorbei is! Wia gehts eich alle? Wia habts des Jahr seit dem letzten Heiligen Abend überstanden? Passt alles? Gibts wos Neis?"

„Du blöde Kuah!", grantelte Goaßalia, „wos solls scho Neis geben? Mir samma doch des ganze Johr in dem gschissna Stall herin und kriang nix mit vo dem, wos in da Welt passiert! Fressen und kacken, des san unsere Highlights! Also frog ned so saubläd!"
Sofort meldete sich Grunzine zu Wort: „Des Wort ‚saubläd' verbitte ich mir! Goaßalia, i hobs dir scho hundertmal gsagt, dass mir des ned passt, wenn du ‚saubläd' sagst! Und wia du im August, wias so hoaß war, gsagt host ‚i schwitz wia a Sau', des hod mir aa ned passt, gell! I hob mir damals ganz fest vorgnumma, dass i mir des mirk bis zum Heiligen Abend und dass i dir des dann sog! Und etza soges dir! I sog aa ned, ‚des stinkt wia d'Goaß', obwohl dass manchmal angebracht waar!"
„Des stimmt!", grunzte Eberhard grantig, „mir is des überhaupt ned recht, wenn du dauernd uns Sei negativ erwähnst! Im Mai, wia da Bauer des erste Gras einegworfa hod und da Horno glei an Zentner verdruckt hod, do host du zum Schoof gsagt: ‚Schau hi, Schoof, da Horno frisst wia d'Sau!' Glaub bloß ned, dass i des ned ghört hob! I hobs genau ghört! I bin weder schwerhörig noch saubläd!"
Schaf Schoof, von Haus aus ein friedlicher Charakter, wollte die Streithähne beruhigen und blökte: „Määääähnsch Meier, jetzt beruhigts eich doch wieder! Grunzine und Eberhard, ihr wissts doch, dass Goaßalia das nicht böse meint! Seids doch nicht gleich sauer!"
„Jetzt fängst du auch noch an, Schoof!", regte sich Eberhard auf.
„Was? Wieso?", fragte Schoof verwundert.
„Weil du ‚sau-er' gesagt hast! Eine Schweinerei ist das!"
Jetzt konnte sich Stallboss Horno nicht mehr beherrschen: „Also Leit, etza langts!", brüllte er. „Seids halt ned so saumäßig empfindlich, Grunzine und Eberhard! Seids froh, dass euer Ripperl und euer Wammerl gsund san und regts eich ned über jeden Schmarrn aaf! I wollt, i hätt so liabe Kinder wie ihr! Also koane Schweindln, sondern Keiberln! Owa i hob koane!"
„Scho klar, Horno", meinte Eberhard versöhnlich, „mir san ja froh, dass Ripperl und Wammerl so fit san. Owa i moan ja bloß. D'Goaßalia könnt sich einfach a bissl zammreißen und ned dau-

ernd so schlecht drauf sei und auf uns Sei rumreitn! Mir geht de Jammerei dermaßen auf den Sack, i konns dir gar ned sagen! Den ganzen Dog macht de do hinten eine Lätschn zum Einehaun und meckert über alles und über jeden! Mensch, Goaßalia, mach halt aa amal a freindliches Gsicht!"

„I mog ned!", raunzte, missmutig wie immer, Goaßalia.

„Ja fix, warum denn ned?", wollte Horno wissen.

„Mensch Horno, du woaßt doch warum", antwortete Schoof, „sie hod halt koan Bock!"

„Ja und? Do kinnma doch mir nix dafür!", mischte sich Grunzine wieder ein. „Es gibt doch mehra Goaßn, de null Bock hamm und de trotzdem ned dauernd so grantig san! Schau dir d'Euteria o! De hätt so gern an körperlichen Kontakt mitm Horno und ned bloß des verliebte Gemuhe vo friah bis spät. Owa es geht halt nix! Erstens sans anghängt und zweitens steht er ned auf sie, sondern auf d'Kuhnigunde. Es is halt, wias is!"

„So brutal brauchst des aa ned sagen!", schimpfte de verschmähte Euteria, „du host scho überhaupt koa Gefühl! I segs ja selber, dass da Horno dauernd zur Kuhnigunde umelurt. I bin zwar a Rindviech, owa i bin weder blind noch bläd!"

Da platzte Kalb Keibl in die Unterhaltung der Erwachsenen: „Drum is ja d'Kuhnigunde mei Mama und da Horno mei Papa!", meinte es naseweis. „Weil de zwoa sich liebhaben, drum gibts mi!"

„Äh ... äh Keibl, ganz so is ned!", stotterte Kuhnigunde verlegen, „i muhhhss dir leider sagen, dass da Horno ned so richtig dei Papa is!"

„Ned???", erschrak Keibl, „wieso ned? Wer is denn dann mei Papa? Is doch bloß oa männliches Rindviech herin im Stall. Da Eberhard konns ned sei, der is ja a Saubär!"

Eberhard lag eine grantige Reaktion auf der Schweinszunge, aber er konnte sich beherrschen.

„Äh ... im Prinzip is dei Papa da Besamerer", druckste Kuhnigunde zerknirscht heraus. „Da Horno waars scho gern, und mir waars aa recht, wenn er es waar, owa der is ja anghängt. Do geht beim besten Willen nix!"

„Wer? Da Besamerer?" Keibl war erschüttert. „Wia is denn der fremde Stier in unsern Stall einakema?"
„Äh …, da Besamerer is koa Stier", flüsterte Kuhnigunde, „des is a Mensch!"
„Woooos???? A Mensch??? Mama, spinnst du vom Boa weg? A Mensch und du? Des geht doch ned! Des geht moralisch gar ned und körperlich so guat wia ned! Sag bitte, dass des ned wahr is! I will koan Mensch als Papa! A Mensch hod ja ned amal a Horn, pfui Deifl!"
„Etza beruhig di, Keibl!", unterbrach Horno Keibls Entrüstungssturm. „Es is ned aso, wia du moanst! Des war a künstliche Besamung, i erklärs dir später amal, wenn du älter bist! Da Besamerer hod di praktisch mit einer Art Spritzn in die Mama einpflanzt."
„Ja genau", bestätigte Kuhnigunde, „owa i hob dabei ganz fest an di denkt, Horno!"
„Des woaß i doch", meinte Horno geschmeichelt und blickte liebevoll zur verstörten Kuhnigunde hinüber. Keibl war völlig verwirrt. „Owa i derf scho no Papa zu dir sagen? Weil zum Besamerer mag i ned Papa sagen!" „No freilich, mei Keiberl!", beruhigte sie Horno.
Diese gegenseitigen Liebesbekundungen und Zärtlichkeiten hatten Euteria natürlich überhaupt nicht gefallen. Wenn Horno sie schon nicht mochte, sollten wenigstens er und Kuhnigunde ihr Maul halten und nicht den ganzen Stall mit ihrem Liebesgesäusel nerven, auch aus Rücksicht auf die einsame und bocklose Goaßalia. Und die Peinlichkeit mit dem Besamerer gönnte sie der doofen Kuhnigunde. „Wenn ich den starken Horno nicht kriege, dann sollst du Rindvieh ihn auch nicht kriegen!", dachte sie sich, kaute an einem Büschel Heu und grinste still in sich hinein.
„Apropos Mensch", wollte Schoof das leidige Thema beenden, „mich würde wirklich interessieren, was die Menschen in dieser Nacht treiben. Weil es muss doch auch bei denen irgendwie eine besondere Nacht sein, oder? Wenn wir Tiere sprechen können, dann müssten doch auch die Menschen irgendetwas Besonderes können, oder?"
Alle blickten ratlos. Die Menschen kamen zwar jeden Tag frühmorgens und abends zum Füttern und Ausmisten in den Stall,

Bücher für Bayern ♥ aus Liebe zur Heimat

BAYERNS
beste Seiten

MINIKATALOG Herbst/Winter 2024/2025
Unsere Bücher sind in allen regionalen Buchhandlungen und online erhältlich!

Kochen & Backen
Rezepte aus der Heimat

Heimat entdecken
Bildbände & Freizeitführer

Ratgeber
Gesund & nachhaltig leben

Bayerischer Humor
Bayerische Klassiker,
Toni Lauerer & Co.

und vieles mehr …

Heimat
battenberg
gietl verlag

BAYERLAND VERLAG · BUCH- UND KUNSTVERLAG
OBERPFALZ · MZ BUCHVERLAG · SÜDOST VERLAG

Handwerk & Brauchtum

NEU Mitte September 2024

Jahresband zur Kultur und Geschichte im Landkreis Schwandorf

Egal, ob Sie schon seit langer Zeit oder erst seit Kurzem „daheim im Landkreis Schwandorf" sind: Dieses Büchlein wird sie das gesamte Jahr hindurch gut begleiten.

Sie erfahren viel Wissenswertes über Kultur, Geschichte, Brauchtum und Wirtschaft in Schwandorf und der Region, ebenso finden Sie im Buch tolle Fotografien aus dem Landkreis, regionale Rezepte sowie Ausflugstipps. Ein Kalendarium für 2025 hilft Ihnen, immer den Überblick zu behalten: Neben Namenstagen, Feiertagen, Schulferien und Mondzeiten finden Sie im Buch auch Veranstaltungstipps für die Region sowie ausreichend Platz für eigene Notizen – damit Sie gut durchs Jahr kommen, **daheim im Landkreis Schwandorf.**

Landkreis Schwandorf (Hg.) & Anne Schleicher (Bearbeiterin)
Daheim im Landkreis Schwandorf – Kalender & Jahresband 2025
Kultur – Geschichte – Brauchtum – Wirtschaft
1. Auflage 2024, ca. 160 S., Format 17 x 24 cm, durchgehend farbig, Broschur
ISBN 978-3-95587-109-3 · Preis: 17,90 €

Jetzt NEU:
mit Kalendarium für 2025 –
mit Veranstaltungstipps, wichtigen Terminen, Platz für eigene Notizen u. v. m.

Eisvogel bei Zangenstein, Foto: Josef Merkl

Hintergrundbild: Schwarzachtal, Foto: Tourismuszentrum Oberpfälzer Wald, Thomas Kujat

Handwerk & Brauchtum • 3

Ihr Kalender für 2025!

Ein Kalender, der Sie wunderbar durchs Jahr führt! In spannenden Texten erzählen die Autorinnen von altbayerischen Bräuchen und ihrem Ursprung. Das ausführliche Kalendarium des „Altbayerischen Festtags- und Brauchtumskalenders" enthält Namenstage, Festtage und Bauernregeln. Dazu einen Aussaat- und Pflanzkalender, einen Holzschlagkalender, den 100-jährigen Kalender sowie die Mondzeiten für Gesundheit und Wohlbefinden. Mehr als 2000 Veranstaltungstipps laden Sie ein, an regionalen Festen und Märkten teilzunehmen, an Ausstellungen, Wallfahrten, Umzügen und vielem mehr. Und als kleines Schmankerl obendrauf gibt's heimische Rezepte, selbstgemachte Hausmittel und die schönsten Wörter der bairischen Sprache, die nicht in Vergessenheit geraten sollen.

Judith Kumpfmüller & Dorothea Steinbacher
Altbayerischer Festtags- und Brauchtumskalender 2025
Oberbayern | Niederbayern | Oberpfalz
Mit Mond-, Aussaat- und Pflanzkalender
1. Auflage 2024, ca. 136 Seiten, Format 21,5 x 28 cm, durchgehend farbig, Broschur
ISBN 978-3-89251-548-7 · Preis: 18,90 €

Erntedankkrone

Butterlamm zu Ostern

Metzgersprung in München

4 • Geheimnisvolle Orte & Geschichten

NEU Mitte Oktober 2024

Der Landkreis Straubing-Bogen ist eine ausgesprochen lebenswerte Gegend. Doch es gibt auch dunkle Seiten … Der Wald birgt ungeahnte Geheimnisse, in den alten Ruinen einstiger Burgen und Schlösser hausen noch Geister aus lang vergangenen Zeiten, in den beschaulichsten Dörfern sind Verbrechen geschehen, die den Besucher bis heute erschauern lassen. Autor Herbert Becker nimmt die Leserinnen und Leser mit auf eine gruselige Reise. Begleitet werden die Geschichten von schaurig-schönen Bildern des Fotografen Christian Greller.

Herbert Becker & Christian Greller
Von Hexen, Geistern und Verbrechern
Die unheimlichsten Orte in Straubing
und im Landkreis Straubing-Bogen
1. Auflage 2024, ca. 160 Seiten
ISBN 978-3-95587-828-3 · Preis: 17,90 €

Format 13,5 x 20,5 cm, durchgehend farbig, Broschur

»Ein Stadtführer der besonderen Art«
Susanne Wolke, Neuer Tag

Julia Kathrin Knoll & Christian Greller
Von Hexen, Geistern und Verbrechern
Ein Rundgang zu den unheimlichsten Orten
in Regensburg und Umgebung
Überarbeitete und erweiterte
2. Auflage 2021, 176 Seiten
ISBN 978-3-95587-401-8 · Preis: 17,90 €

»Ein Highlight für jedes Buchregal«
Juraland-Magazin

Julia Kathrin Knoll & Christian Greller
Von Hexen, Geistern und Verbrechern
Die unheimlichsten Orte
im Landkreis Schwandorf
1. Auflage 2021, 168 Seiten
ISBN 978-3-86646-399-8 · Preis: 17,90 €

Geheimnisvolle Orte & Geschichten • 5

Christian Baier & Peter Litvai
Von Hexen, Geistern und Verbrechern
Die unheimlichsten Orte in Landshut und Umgebung
1. Auflage 2023, 160 Seiten
ISBN 978-3-95587-824-5
Preis: 19,90 €

Christian Baier & Peter Litvai
Von Hexen, Geistern und Verbrechern
Ein Rundgang zu den unheimlichsten Orten in Landshut
2. Auflage 2023, 160 Seiten
ISBN 978-3-95587-827-6
Preis: 19,90 €

NEU Mitte September 2024

Christian Baier & Peter Litvai
Geheimnisvolles Landshut 2025 · Kalender 2025
1. Auflage 2024, Format 29,7 x 42 cm,
durchgehend farbig, Broschur mit Spiralbindung
ISBN 978-3-95587-832-0 · Preis: 17,90 €

Landshut-Kalender 2025

Farbenprächtige Häuserfassaden, wuchtige Kirchen und prunkvolle Räume – die niederbayerische Hauptstadt Landshut hat davon einiges zu bieten. Aber jenseits dieser Pracht zeigen sich viele Dinge rätselhaft und geheimnisvoll. Oft reicht ein leicht veränderter Blickwinkel, um viele Gebäude in einem mystischen und unergründlichen Licht erscheinen zu lassen. Fotograf Peter Litvai schafft es wieder einmal, diese ganz besondere Stimmung perfekt in Szene zu setzen. Ergänzt werden die Bilder mit kurzen Texten von Grusel-Profi Christian Baier.

Der Kalender ist die ideale Ergänzung zu den erfolgreichen Büchern über die geheimnisvolle Seite von Landshut und Umgebung. Mit einem leichten Schauer durch's ganze Jahr!

NEU
Mitte Oktober 2024

Der Oberpfälzer Wald ist bekannt für seine trutzigen Burgruinen, schmucken Kirchen und idyllischen Wanderwege. Doch die Region hat auch eine andere Seite: In diesem Buch lernen Sie die düsteren Facetten der Stadt Weiden und des Landkreises Neustadt a. d. Waldnaab kennen ... Tauchen Sie tief ein in die Welt der Sagen, Legenden und schaurig-schönen Überlieferungen. Sie erzählen Ihnen von „Weißen Frauen", vom Windischeschenbacher Galgenkatherl, vom Geisterhund aus der Weidener Moosloh und vielen mehr. Und natürlich gibt es auch Hinweise auf versunkene Schätze – die vielerorts noch immer auf einen Entdecker warten ...

Wolfgang Benkhardt
Von Hexen, Geistern und Verbrechern
Die unheimlichsten Orte in der Stadt Weiden und im Landkreis Neustadt an der Waldnaab
1. Auflage 2024, ca. 160 Seiten
ISBN 978-3-95587-110-9 · Preis: 17,90 €

Format 13,5 x 20,5 cm, durchgehend farbig, Broschur

»Das ganze Jahr Nervenkitzel«
Der Neue Tag

Mit großem Sagen-Teil

Wolfgang Benkhardt
Von Hexen, Geistern und Verbrechern
Die unheimlichsten Orte im Landkreis Tirschenreuth
1. Auflage 2022, 160 Seiten
ISBN 978-3-95587-096-6 · Preis: 17,90 €

Manfred Böckl
Verborgene Schätze in Bayern
104 Seiten,
Format 13,5 x 20,5 cm,
s/w bebildert, Hardcover
ISBN 978-3-86646-782-8
Preis: 13,90 €

Geheimnisvolle Orte & Geschichten • 7

VS Ostbayern &
C. Greller Fotografie
Verlassenes Ostbayern
Lost Places und vergessene Geschichten
1. Aufl. 2023, 200 S.
978-3-95587-822-1
Preis: 19,90 €

VS Ostbayern &
C. Greller Fotografie
Geheimnisvolles Ostbayern
Mystische Ereignisse & unheimliche Geschichten
1. Aufl. 2022, 192 S.
978-3-95587-804-7
Preis: 19,90 €

VS Ostbayern
Mörderisches Ostbayern
Verbrecherische Gedanken und seltsame Todesfälle
248 Seiten
978-3-95587-721-7
Preis: 19,90 €

VS Ostbayern
Phantastisches Ostbayern
Märchenhafte Geschichten und wundersame Ereignisse
216 Seiten
978-3-86646-787-3
Preis: 16,90 €

Format 13,5 x 20,5 cm, mit s/w-Abbildungen, Hardcover

Gabriele Kiesl & Michael Cizek
Mystisches Niederbayern
144 Seiten
ISBN 978-3-95587-738-5

Gabriele Kiesl & Michael Cizek
Mystische Burgen in der Oberpfalz
144 Seiten
ISBN 978-3-95587-050-8

Format 21 x 28 cm, durchgehend farbig, Hardcover, Preis: 24,90 €

Spannende, dramatische, kuriose & heitere Geschichten aus dem Dreiländereck

Rupert Berndl
Grenz- und Weihrazgschichten
aus dem Dreiländereck im Bayerischen Wald
1. Auflage 2024,
160 Seiten,
F. 13,5 x 20,5 cm,
Hardcover
ISBN
978-3-95587-829-0
Preis: 14,90 €

Wahre Verbrechen

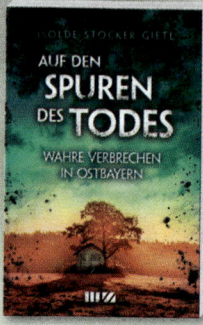

Isolde Stöcker-Gietl
Auf den Spuren des Todes
Wahre Verbrechen in Ostbayern
2. Auflage 2022, 200 S., F. 13,5 x 20,5 cm,
s/w bebildert, Broschur
ISBN 978-3-86646-387-5 · Preis: 17,90 €

Dieses Buch widmet sich wahren Verbrechen, die sich in der Oberpfalz und in Niederbayern zugetragen haben. Die Autorin hat für dieses Buch Gespräche mit Ermittlern, Richtern, Verteidigern und Journalisten geführt und Angehörige und enge Vertraute der Opfer befragt. Das Buch gewährt zudem spannende Einblicke in die Arbeit der Ermittlungsbehörden. Kein Täter – und liegt das Verbrechen noch so lange zurück – kann sich sicher fühlen. Das belegen die Beispiele aus diesem Buch.

»Sie widmet sich mehr den Menschen als den Taten an sich. Dabei gelingt ihr der passende Tonfall, sie gleitet nie ins Reißerische.«

Johann Osel, Süddeutsche Zeitung

Susanne Mittermaier
Alles, was recht ist
Bayerische Kriminalfälle vor Gericht
208 Seiten,
Format 14,5 x 21,5 cm,
Klappenbroschur
ISBN 978-3-89251-501-2
Preis: 12,90 €

Udo Bürger
Historische Kriminalfälle
in Franken und Schwaben
von 1815 bis 1936
272 Seiten,
Format 13,5 x 20,5 cm,
s/w bebildert, Broschur
ISBN 978-3-95587-732-3
Preis: 16,90 €

Fred Haller &
Karl Kieslich · **Matzeder**
Räuber, Mörder,
Delinquent
Altbayern 1810–1851
2. Auflage, 192 Seiten,
Format 13,5 x 20,5 cm,
Broschur
ISBN 978-3-95587-733-0
Preis: 14,90 €

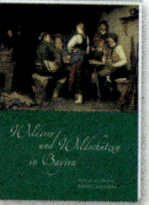

Alfons Schweiggert
Wilderer und Wildschützen in Bayern
Männer der Wildnis,
Rebellen, Volkshelden
2. Auflage, 124 Seiten,
Format 17 x 22 cm,
Hardcover
ISBN 978-3-89251-392-6
Preis: 14,90 €

Wahre Verbrechen • 9

Johann Dachs, ehemaliger Erster Polizeihauptkommissar in Dachau, erzählt wahre Kriminalfälle aus Niederbayern, Oberbayern und der Oberpfalz

NEU Mitte Oktober 2024

Neid, Habgier, Rachsucht – die Motive für schwere Verbrechen sind vielfältig. Zu den Opfern solcher Verbrechen gehören Ehepartner, Geschwister und Rivalen ebenso wie Geliebte, Zufallsbekanntschaften oder Polizisten.

In diesem Buch hat Johann Dachs (1928–2007), ehemaliger Polizeihauptkommissar, vergessene Fälle aus Altbayern niedergeschrieben. Zugetragen haben sich diese Verbrechen in der ersten Hälfte des 20. Jahrhunderts: in Landshut und in Plattling, in Mainburg und in Freising, in Viechtach, Cham und vielen anderen Dörfern und Städten in Niederbayern, Oberbayern und der Oberpfalz.

Nach „Wahre Mordgeschichten" gibt es nun mit „Vergessene Verbrechen aus Altbayern" weitere Kriminalfälle aus seinem Archiv. **Wahre Verbrechen, aus erster Hand erzählt.**

Vergessene Verbrechen aus Altbayern
Die Giftmischerin und andere wahre Kriminalfälle
3. Auflage 2024, ca. 160 Seiten, F. 13,5 x 20,5 cm,
s/w bebildert, Hardcover
ISBN 978-3-95587-835-1 · Preis: 16,90 €

Johann Dachs
Wahre Mordgeschichten
Kriminalfälle aus Niederbayern und der Oberpfalz
s/w bebildert, mit Fotos von Claudia Gregor
4. Auflage 2023, 160 S., Format 13,5 x 20,5 cm, Hardcover
ISBN 978-3-95587-425-4
Preis: 16,90 €

Johann Dachs
Tod durch das Fallbeil
Der deutsche Scharfrichter Johann Reichhart (1893–1972)
3. Auflage 2023, 160 Seiten, F. 13,5 x 20,5 cm, s/w bebildert, Broschur
ISBN 978-3-95587-432-2
Preis: 16,90 €

Märchen & Sagen

auch als Hörbuch!

Toni Lauerer
Die schönsten Grimms Märchen auf Bairisch
2. Auflage 2024, 136 S., Format 17 x 24 cm, durchgehend farbig, mit Illustrationen von **Heidi Eichner**, Hardcover
ISBN 978-3-95587-830-6
Preis: 19,90 €

Hörbuch / Audio-CD
ISBN 978-3-95587-735-4
Preis: 19,90 €

»Ein Buch, das viele versteckte Gags enthält, die sich bei den Grimms so ganz sicherlich nicht finden.«
Straubinger Tagblatt

Alois Angerpointner
Butterhex und Hacklmo
Sagen aus Altbayern
192 Seiten,
Format 14,5 x 21,5 cm,
s/w bebildert,
Klappenbroschur
ISBN 978-3-89251-491-6
Preis: 12,90 €

auch als Hörbuch!

Hubertus Hinse & Toni Lauerer
Glaubn mechst es ja ned
Sagen aus der Oberpfalz
2. Auflage 2020,
152 Seiten,
Format 13,5 x 20,5 cm,
Hardcover
ISBN 978-3-86646-362-2
Preis: 14,90 €

Hörbuch / Audio-CD
ISBN 978-3-86646-361-5
Preis: 14,90 €

»Ein Zuckerl für Liebhaber fantastischer Geschichten aus der Vergangenheit!«
Franz Burneder, Bayerischer Rundfunk

Wilma Pfeiffer
Warum ist die Donau so blau?
Märchen · Mythen · Mutmaßungen
176 Seiten,
Format 14,5 x 21,5 cm,
Klappenbroschur
ISBN 978-3-89251-515-9
Preis: 12,90 €

Märchen & Sagen • 11

Zauberhaft, naturnah, lustig und frisch erzählen die alten Märchen aus der Oberpfalz von schönen Prinzessinnen und bösen Zauberern, von magischen Tieren und hilfreichen Holzfräulein, von Hexen, schönen Wasserfräulein und von den Druden.

Franz Xaver von Schönwerth (1810 –1886) aus Amberg sammelte seinerzeit Hunderte dieser Märchen. Erika Eichenseer hat sie im Archiv des Historischen Vereins in Regensburg entdeckt und ihnen zu neuem Leben verholfen. Menschen aller Altersstufen werden ihre Freude daran haben – ob beim Lesen oder Vorlesen oder beim Erzählen wie in alten Zeiten.

Erika Eichenseer
**Franz Xaver von Schönwerth
Oberpfälzer Märchen**
1. Auflage 2024, ca. 280 Seiten,
Format 13,5 x 20,5 cm, Hardcover
ISBN 978-3-95587-111-6 · Preis: 19,90 €

NEU Mitte September 2024

Format 13,5 x 20,5 cm, Hardcover, Preis: 19,90 €

Alfons Schweiggert
Bayerische Märchen
3. Auflage 2022, 344 Seiten,
mit Illustrationen von
Peter Mühlbauer
ISBN 978-3-95587-802-3

Michael Waltinger
Niederbayerische Sagen
6. Auflage, 232 Seiten,
mit Illustrationen von
Peter Mühlbauer
ISBN 978-3-86646-779-8

Gustl Motyka
Sagen und Legenden aus dem Land um Regensburg
5. Auflage 2020, 192 Seiten
ISBN 978-3-86646-384-4

Gedichte & Geschichten von Pius Detterbeck
hg. von Wolfgang, Roland & Franziska Detterbeck

Format 13,5 x 20,5 cm, s/w bebildert, Hardcover

Advent, Adent
Mundartgedichte
und Geschichten
zur Weihnachtszeit
1. Auflage 2023, 108 Seiten
ISBN 978-3-95587-823-8
Preis: 17,90 €

Staade Zeit
Mundartgedichte
und Geschichten
zur Weihnachtszeit
1. Auflage 2022, 112 Seiten
ISBN 978-3-95587-812-2
Preis: 16,90 €

Weihnacht
Mundartgedichte
und Geschichten
3. Auflage 2024, 112 Seiten
ISBN 978-3-95587-834-4
Preis: 16,90 €

Wieder lieferbar ab Mitte Oktober 2024

Ein außergewöhnliches Weihnachtsbuch des Verbandes deutscher Schriftstellerinnen und Schriftsteller in Ostbayern!

Dieser Band versammelt beschauliche, lustige, tiefsinnige, traurige, kritische, gefährliche, hoffnungsfrohe – eben moderne Winter- und Weihnachtsgeschichten. In ihnen warten nicht alle aufs Christkind oder besinnen sich auf das Geschehen in Bethlehems Stall, sondern erzählen von den Ereignissen und Dramen rund um das „Fest der Liebe" …

VS Ostbayern
Weihnachtliches Ostbayern
Winterliche Geschichten und himmlische Ereignisse
1. Auflage 2020, 192 Seiten, Format 13,5 x 20,5 cm,
mit s/w-Abbildungen, Hardcover
ISBN 978-3-95587-747-7 · Preis: 19,90 €

Ein märchenhaftes Lesevergnügen für die ganze Familie

Der Advent ist für Kinder wie für Erwachsene die stimmungsvollste Zeit im Jahr. Es wird früh dunkel. Kerzen brennen in den Stuben. Es duftet nach Bratäpfeln und Pfeffernüssen. Und vielleicht nimmt man sich zwischendurch auch mal Zeit für eine kleine Lektüre – um die Hektik dieser Wochen etwas zu mindern und sich auf die Festtage einzustimmen. Der bekannte Autor Alfons Schweiggert präsentiert in diesem Buch eine Palette besinnlicher, aber auch humorvoller und heiterer Geschichten: das Märchen von der goldenen Nuss, vom alten und vom jungen Frost, von den drei Weihnachtsschätzen und vom Christbettelkind, die Geschichten von den streitenden Adventskerzen oder von der Niko-Laus, von der süßen Straße und vom Tanzengel, vom Christmenschen oder die Geschichte vom Weihnachtshasen. Zum Selberlesen und zum Vorlesen – ein märchenhaftes Vergnügen für die ganze Familie!

NEU Mitte Oktober 2024

Alfons Schweiggert
Weihnachtsmärchen aus Bayern
1. Auflage 2024, ca. 160 Seiten,
Format 13,5 x 20,5 cm, Hardcover
ISBN 978-3-89251-550-0 · Preis: 19,90 €

Alfons Schweiggert
Weihnachten mit Karl Valentin
3. Auflage 2023, 128 Seiten, Format 13,5 x 20,5 cm, s/w bebildert, Hardcover
978-3-89251-544-9
Preis: 16,90 €

Alfons Schweiggert
Weihnachten mit Sisi
Die Weihnachtserlebnisse der Kaiserin Elisabeth
1. Auflage 2023, 144 Seiten, Format 13,5 x 20,5 cm, s/w bebildert, Hardcover
978-3-89251-542-5
Preis: 19,90 €

Weihnachten mit Toni Lauerer

160 Seiten, Format 13,5 x 20,5 cm, Hardcover

A scheene Bescherung
Neue Geschichten zur
Weihnachtszeit
ISBN 978-3-86646-328-8
Preis: 14,90 €

Scho wieder Weihnachten?
Neue Geschichten zum Fest
3. Auflage 2022
ISBN 978-3-95587-415-5
Preis: 16,90 €

Endlich wieder gschafft
Weihnachtsgeschichten
10. Auflage 2023
ISBN 978-3-95587-429-2
Preis: 16,90 €

Die Weihnachtszeit kann ein Vollbluthumorist wie Toni Lauerer nicht einfach vorbeiziehen lassen. In seinen Weihnachtsbüchern beschäftigt er sich mit den lustigen Vorfällen vor und während der Festtage – und von denen gibt es jede Menge: die Weihnachtseinkäufe im hektischen Kaufhaus, die Probleme der Nikoläuse mit allzu modernen Kindern oder der mehr oder weniger harmonische Heiligabend mit der Familie. Ein unterhaltsames Lesevergnügen, wie man es von Toni Lauerer kennt!

Hörbücher / Audio-CDs
Preis: 14,90 €

ISBN 978-3-86646-329-5   ISBN 978-3-86646-348-6   ISBN 978-3-934863-22-4

Winter-, Advents-, Weihnachtszeit – eine Zeit der Harmonie, des Friedens, der Freude und des Eierkuchens! Alle haben sich lieb, alle sind entspannt. Die Landschaft ist wochenlang dick verschneit und der Frost zaubert wunderschöne Eisblumen an die Fenster der wohlig warmen Stuben, in denen gütige Mütter Bärenpratzen und Kokoshäuferl backen. Der Papa stapft im weißen Wald durch den hohen Schnee, um für seine Lieben einen wunderschönen Christbaum zu holen. Die Kinderlein sind den ganzen Tag draußen beim Schlittenfahren und erst am Nachmittag kommen sie glücklich und mit roten Bäckchen wieder heim, um dann den Geschichten zu lauschen, die ihnen die liebe Oma erzählt. In der Ecke sitzt der Opa und schnitzt kleine Holzfiguren für die Krippe, zur Entspannung raucht er eine Pfeife, die gut duftet. Alle freuen sich schon auf die Verwandtschaft, die an Weihnachten zu Besuch kommt.

„Jetzt spinnt er komplett, der Lauerer Toni!", werden Sie sich denken, „als wär' das die Realität!" Ich weiß, ich weiß …! Aber genau deshalb – weil die Realität in Wahrheit eine andere ist – habe ich versucht, diese Realität humorvoll zu beleuchten. Also auch die lästigen Sachen und die peinlichen, die anstrengenden und verrückten.

Viel Spaß beim Lesen und Vorlesen und eine schöne Adventszeit, ein frohes Fest und ein gesundes neues Jahr! Und zwar alle Jahre wieder!

Toni Lauerer
Alle Jahre zwider
Vergnügliche Weihnachtsgeschichten
1. Auflage 2024, ca. 160 Seiten,
Format 13,5 x 20,5 cm, Hardcover
ISBN 978-3-95587-438-4 · Preis: 16,90 €

Hörbuch / Audio-CD
1. Auflage 2024, Spieldauer: ca. 80 Min.
ISBN 978-3-95587-439-1 · Preis: 16,90 €

Lustige Gschichten von Toni Lauerer!

je ca. 160 Seiten, Format 13,5 x 20,5 cm, Hardcover, Preis: 14,90 €

Gestern beim Unterwirt
1. Auflage 2020
ISBN 978-3-86646-390-5

Mei, bin i a Depp!
2. Auflage
ISBN 978-3-86646-371-4

Der Alltag is da Wahnsinn
ISBN 978-3-86646-337-0

Willkommen im Spiegelsaal
ISBN 978-3-86646-305-9

Voll im Trend
2. Auflage
ISBN 978-3-934863-68-2

I bin's wieder
2. Auflage
ISBN 978-3-934863-31-6

Topfit ist er, der Toni! Umso mehr ärgert es ihn, dass sich die Anzeichen dafür mehren, dass er von seiner Umgebung nicht mehr als blutjung wahrgenommen wird: Im Restaurant bekommt er die Senioren-Speisekarte, in der U-Bahn wird ihm ein Sitzplatz angeboten, und der Gipfel der Unverschämtheit: Seine Frau macht für ihn einen Check-up-Termin beim Urologen aus – obwohl noch alles „gut in Schuss" ist! Gegen solche Tendenzen gilt es sich zu wehren. Und Toni Lauerer tut es in Form dieses Buches – eine sehr humorvolle Liebeserklärung an die zweite Halbzeit des Lebens!

»Wer einen Spiegel der lokalen Gesellschaft sucht, der muss nur Toni Lauerer tief in die Augen blicken – oder eines seiner Bücher lesen.«

Thomas Linsmeier, Chamer Zeitung

Älter werden is (ko)a Gaudi
1. Auflage 2023
ISBN 978-3-95587-430-8

Hörbuch / Audio-CD
ISBN 978-3-95587-431-5
Preis: 16,90 €

Blumen, Bulli, Bumskopfsemmel
1. Auflage 2022
ISBN 978-3-95587-413-1

G'fallt ma!
2. Auflage 2022
ISBN 978-3-95587-409-4

Möchten'S ned probiern?
3. Auflage 2022
ISBN 978-3-95587-410-0

je 160 Seiten, Format 13,5 x 20,5 cm, Hardcover, Preis: 16,90 €

Bayerischer Humor

auch als Hörbuch!

Eva Karl Faltermeier
Der Grant der Frau
Geschichten einer
unterschätzten Emotion
1. Auflage 2021, 192 Seiten,
Format 13,5 x 20,5 cm,
s/w bebildert, Hardcover
ISBN 978-3-95587-784-2
Preis: 14,90 €
Hörbuch / Audio-CD
ISBN 978-3-95587-785-9
Preis: 14,90 €

In kurzen Geschichten beschreibt Eva Karl Faltermeier die Schönheit (bayerisch-)femininer Ausnahmezustände. Denn es kann ja nicht sein, dass grantige Männer als gemütlich gelten, während grantigen Frauen „Haare auf den Zähnen" nachgesagt werden! So charmant wie in diesem Buch wurde der weibliche Grant noch nie beleuchtet …

Alfons Schweiggert
Ja, lachen Sie nur!
Die schönsten Karl-Valentin-
Anekdoten und -Witze
7. Auflage 2023, 120 Seiten,
Format 13,5 x 20,5 cm,
Hardcover
ISBN 978-3-89251-543-2
Preis: 16,90 €

Norbert Neugirg Format 13 x 20,5 cm, Hardcover

In den Geschichten von Norbert Neugirg, dem Kommandant der Altneihauser Feierwehrkapelln, wird auf charmant-unverschämte Weise nichts und niemand geschont. Neugirg ist wirklich der „zahnluckerte" Meister bissiger Ironie!

Was ich so denk'
7. Aufl., 152 S.
978-3-935719-38-4
Preis: 14,80 €

Worte, Reim und Bücherleim
6. Aufl. 2020, 144 S.
978-3-95587-037-9
Preis: 14,80 €

Ansichten & schlichte, nicht vernichtete Gedichte
3. Aufl., 176 S.
978-3-935719-76-6
Preis: 16,95 €

Tusch eineinhalbmal
3. Aufl. 2020, 176 S.
978-3-95587-030-0
Preis: 16,95 €

Bayerischer Humor • 19

Michl Ehbauer
Baierische Weltgschicht, Band 1 (farbig illustrierte Schmuckausgabe)
6. Auflage, mit Illustrationen von Heidi Eichner, 312 Seiten, Format 14,8 x 21 cm, durchgehend farbig, Hardcover
ISBN 978-3-86646-760-6
Preis: 19,90 €

Klaus Schwarzfischer (schwafi)
Da Schtruwlbeda af Bairisch
2. Auflage 2020, 44 Seiten, Format 17 x 24 cm, durchgehend farbig, Hardcover
ISBN 978-3-95587-709-5
Preis: 14,90 €

Klaus Schwarzfischer (schwafi)
Max und Moritz af Bairisch
2. Auflage 2024, 64 Seiten, Format 17 x 24 cm, durchgehend farbig, Hardcover
ISBN 978-3-95587-831-3
Preis: 16,90 €

Helmut Eckl (Hg.)
I sog nix! · Vom brandgefährlichen Dialog zwischen ihm und ihr
1. Auflage 2022, 160 S.
978-3-89251-532-6
Preis: 12,90 €

Josef Fendl (Hg.)
Obandln
Bayerische Liebesabenteuer
160 Seiten
978-3-89251-504-3
Preis: 12,90 €

Astrid Schäfer (Hg.)
Grant
Eine bayerische Gemütslage
160 Seiten
978-3-89251-518-0
Preis: 12,90 €

Klaus Kiermeier (Hg.)
Dahoam
Unser bayerisches Lesebuch
256 Seiten
978-3-89251-500-5
Preis: 14,90 €

Format 14,5 x 21,5 cm, Klappenbroschur

Liebenswerte Geschichten und feinfühlige Verserl – ein Buch, das Lebensfreude schenkt!

Auch in seinem neuen Buch erzählt der Autor wieder liebenswerte, amüsante, aber auch nachdenklich stimmende Geschichten aus dem Alltag, der so reich an vielen kleinen Freuden ist – wenn man sie denn sieht und wahrnimmt. Feinfühlige bairische Mundartgedichte, zart eingestreut, spiegeln die bayerische Seele wider. Ein reizendes Werk, das Optimismus und Lebensfreude schenkt!

Andreas Dick · **Wia is de Welt doch schee**
1. Auflage 2024, 108 Seiten, Format 13,5 x 20,5 cm, s/w bebildert, Hardcover
ISBN 978-3-89251-547-0 · Preis: 14,90 €

Andreas Dick
Wos i dia wünsch
Überarbeitete und erweiterte 2. Auflage 2020, 120 Seiten, Format 12,5 x 18,5 cm, farbig bebildert, Hardcover
ISBN 978-3-95587-762-0
Preis: 12,90 €

Evi Wagner · **Glück**
Rezepte für mehr Lebensfreude
1. Auflage 2022, 160 Seiten, Format 14,8 x 21 cm, durchgehend farbig, Broschur
ISBN 978-3-95587-091-1
Preis: 19,90 €

Annemarie Köllerer
Sag's auf bayrisch
Einladn – Gratuliern – Schenkn – Dankschönsagn
5. Auflage, 128 Seiten, Format 13,5 x 20,5 cm, Hardcover
ISBN 978-3-89251-294-3
Preis: 12,90 €

Für Zougroasde ebenso wie für Oberpfälzer „Näjtiv Speaker"

Von „Bou" und „dou" bis hin zur „Kouh" – man kennt den Slang der Oberpfalz. Doch die Sprachregion im Norden Bayerns hat so viel mehr zu bieten: Das Oberpfälzer Wörterbuch beinhaltet über 4000 Wörter aus dem alltäglichen Sprachgebrauch. Dazu kommen geniale Schmankerl aus allen Ecken der wunderbar sprachgewaltigen Oberpfalz.

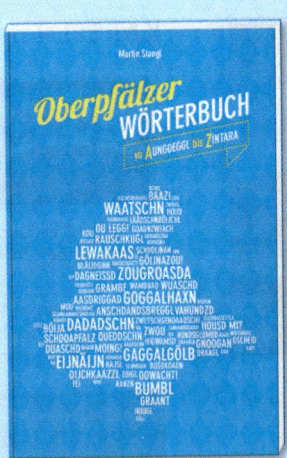

»Einmalige Lautmalereien aus der Oberpfalz«
Lokalnet.de

Martin Stangl
Oberpfälzer Wörterbuch
Vo Aungdeggl bis Zintara
1. Aufl 2024, 152 S.,
F. 13,5 x 20,5 cm,
s/w bebildert,
Hardcover
978-3-95587-108-6
Preis: 14,90 €

Otto Hietsch & Andreas Dick (Bearb.)
Wörterbuch Bairisch – English
2. Auflage, 192 Seiten, Format 14,8 x 21 cm, s/w illustriert von Nina Schneider, Hardcover
ISBN 978-3-86646-739-2
Preis: 19,90 €

Franz Ringseis
Ringseis' Bayerisches Wörterbuch
5. Auflage 2020, 368 Seiten, Format 11,5 x 17,5 cm, Hardcover
ISBN 978-3-89251-350-6
Preis: 19,90 €

Ute Freihart
Des konnst deim Bou veazöhln
Oberpfälzisch für Anfänger
2. Auflage 2020, 88 Seiten, Format 12 x 18 cm, durchgehend farbig, Broschur
ISBN 978-3-95587-078-2
Preis: 12,90 €

Wirtshaus & Karteln

Neuer Preis: **19,90 €**

Gabriele Kiesl &
Hans Ludwig Höcherl
Die schönsten Wirtshäuser in Regensburg und Umgebung
Ein Gastronomieführer zu empfehlenswerten Wirtshäusern in der Stadt und Region Regensburg
Überarbeitete und aktualisierte 4. Aufl. 2023, 192 Seiten, F. 17 x 24 cm, durchgehend farbig, Hardcover
ISBN 978-3-95587-423-0
früher: 29,90 €

Die Wirtshäuser in Regensburg und der Umgebung haben einiges zu bieten: gemütliche Stuben und Biergärten, unvergleichliche Speisekarten, bayerisch-herzlichen Service. Man arbeitet saisonal, nachhaltig, mit qualitativ hochwertigen Produkten. Entdecken Sie mit diesem Buch die gastronomischen Highlights der Region!

KARTELN mit Erich Rohrmayer

Schafkopfen mit der langen und der kurzen Karte
1. Auflage 2020, 88 Seiten, Format 20,5 x 13,5 cm, durchgehend farbig, Broschur mit Drahtkammbindung
ISBN 978-3-95587-070-6 · Preis: 14,90 €

je 80 Seiten, Format 17,5 x 11,5 cm, durchgehend farbig illustriert, Broschur mit Spiralbindung und Umschlag

Lerne Watten
3. Auflage 2022
ISBN 978-3-95587-090-4
Preis: 14,90 €

Lerne Böhmisch Watten & Grasobern
ISBN 978-3-95587-056-0
Preis: 9,95 €

Lerne Wallachen
ISBN 978-3-95587-023-2
Preis: 9,95 €

Lerne Skat
ISBN 978-3-95587-035-5
Preis: 9,95 €

Kochen & Backen • 23

Zwirl, Schoppala, Schoarnbladl – diese und viele andere traditionelle Gerichte bieten die Rauschers seit vielen Jahren im bäuerlichen Kulturzentrum „Klostermühle Altenmarkt" am Stadtrand von Cham an. Hier wird Küchengeschichte lebendig!
In diesem Buch zeigen Ihnen die beiden Autorinnen, wie Sie mit einfachen einheimischen Grundzutaten abwechslungsreich und gesund kochen können – und wie Sie es schaffen, Lebensmittel nachhaltig zu verwerten. Viele der Gerichte sind rasch zubereitet und erfordern keine großen Vorkenntnisse.
Mehr als 200 Rezepte, Anregungen und Ideen – saisonal, regional und vor allem: **unglaublich guad!**

Melanie Rauscher & Theresa Rauscher
Klostermühle Altenmarkt
Großes Oberpfälzer Kochbuch
So schmeckt's dahoam!
1. Auflage 2022, 184 Seiten, Format 17 x 24 cm, durchgehend farbig, Hardcover
ISBN 978-3-95587-097-3
Preis: 24,90 €

»Schon der Einband lässt einem das Wasser im Mund zusammenlaufen.«

Chamer Zeitung

Inge Häußler
Großes Oberpfälzer Kartoffelkochbuch
7. Auflage 2020, 248 Seiten
ISBN 978-3-86646-309-7
Preis: 19,90 €

Neuer Preis:
14,90 €

W. Witteler & C. Gregor
Die besten Fischrezepte aus der Oberpfalz
Von einfach bis raffiniert
1. Auflage 2022, 192 Seiten
ISBN 978-3-95587-083-6
früher: 29,90 €

Kouchn, Köichla, Kipfala
Oberpfälzer Brauchtumsbackbuch quer durchs Jahr
4. Auflage 2023, 160 Seiten
ISBN 978-3-95587-102-4
Preis: 24,90 €

Format 17 x 24 cm, durchgehend farbig, Hardcover

Irmi Hofmann
Bayerische Mehlspeisen
3. Auflage 2020, 160 S.,
F. 17 x 24 cm,
durchgehend farbig,
Hardcover
ISBN 978-3-95587-730-9
Preis: 19,90 €

Andrea Leuoth-Münzberger
Frisches aus der Milchwerkstatt
Käse, Butter, Quark & Co. selber machen und genießen
1. Auflage 2021, 160 Seiten,
Format 22 x 20,5 cm,
durchgehend farbig, Hardcover
ISBN 978-3-95587-773-6
Preis: 19,90 €

Schon die Vorstellung von Kaiserschmarrn, Marillenbuchteln oder Reiberdatschi wärmt den Bauch, bringt Wohlgefühl und erinnert an Gerüche, Geschmack und Erlebnisse aus der Küche der Kindheit. Schön, wenn man sich diesen Schatz unserer bayerischen Küchenkultur aneignen, genießen und weitergeben kann. Freude am Kochen und Genuss beim Essen tun Leib und Seele gut!

»Die Fotos machen Lust aufs Nachkochen.«
Stefan Grötsch, Juraland

Dietmar Fiebrandt
Gemüse haltbar machen durch Fermentieren
Immunsystem stärken durch gesunde Ernährung
Überarbeitete und erweiterte
3. Auflage 2022, 160 Seiten, Format 17 x 24 cm,
durchgehend farbig, Hardcover
ISBN 978-3-95587-818-4 · Preis: 24,90 €

Angela Marmor
Brot & Gefährten
Brote, Suppen, Aufstriche & Salate
Saisonale Rezepte fürs ganze Jahr
1. Auflage 2021, 200 Seiten,
Format 21 x 24 cm,
durchgehend farbig, Hardcover
ISBN 978-3-95587-782-8
Preis: 24,90 €

Kochen & Backen • 25

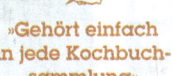

»Gehört einfach in jede Kochbuch-sammlung«

Günter Bielemeier, medienprofile

Hans Bauer & Sandra Leitner
Strudellust herzhaft & süß
So schmeckt Glückseligkeit
1. Auflage 2022, 160 S., Format 21 x 28 cm,
durchgehend farbig, Hardcover
ISBN 978-3-95587-813-9 · Preis: 29,90 €

»Das sind Bayerns neue Knödel-Könige!«

Armin Rösl, tz

Hans Bauer & Sandra Leitner
Knödellust herzhaft & süß
So schmeckt Glückseligkeit
Überarbeitete und erweit. 2. Auflage 2022,
184 Seiten, Format 17 x 24 cm,
durchgehend farbig, Hardcover
ISBN 978-3-95587-801-6 · Preis: 24,90 €

Spitzboum, Stolln und Springala
Ein Oberpfälzer
Weihnachtsbackbuch
2. Auflage, 176 S., Format
17 x 24 cm, durchgehend
farbig, Hardcover
ISBN 978-3-95587-055-3
Preis: 19,95 €

Bettina Haller
Backrezepte aus'm Bayerischen Wald
Herzerltorte, Osser-Kipferl, Maulwurfshugerl –
kreative Ideen für Kuchen, Torten & Gebäck
2. Auflage 2024, 160 S., Format 17 x 24 cm,
durchgehend farbig, Hardcover
ISBN 978-3-95587-820-7 · Preis: 24,90 €

Roswitha Scheidler
Spouzn, Schoppala & Schwammerbröih
Althergebrachte und neue Oberpfälzer Küchengeheimnisse
Überarbeitete 9. Auflage 2024, 160 Seiten, Format 17 x 24 cm, durchgehend farbig, Hardcover
ISBN 978-3-95587-112-3 · Preis: 24,90 €

Oberpfälzer Küchengeheimnisse von Roswitha Scheidler (1929–2024): Meisterin der ländlichen Hauswirtschaft und Neustädter Ehrenkreisbäuerin. Bereits in der 9. Auflage erscheint das Buch der leidenschaftlichen Köchin: Die Rezepte sind alltagstauglich, frisch und gesund; ihr Kochbuch ist eine kulinarische Liebeserklärung an die Region.

Deutsche Gesellschaft für Mykologie

Norbert Griesbacher
Schwammerlsuche in Bayern
Heimische Speisepilze sammeln, bestimmen und verarbeiten, Giftpilze sicher erkennen!
Überarbeitete und erweiterte 4. Auflage 2023, 216 Seiten, Format 12,5 x 19 cm, durchgehend farbig, Broschur
ISBN 978-3-95587-806-1
Preis: 16,90 €

Markusine Guthjahr
Die Speisekammer der Natur
Kochen im Einklang mit den Jahreszeiten
Gemüse · Kräuter · Früchte
1. Auflage 2020, 192 S., F. 17 x 24 cm, durchgehend farbig, Hardcover
ISBN 978-3-95587-074-4
Preis: 19,95 €

Kochen & Backen • 27

Jägerkameradschaft Cham e. V.
Junge Jäger mögen's WILD
Guade Wildrezepte aus'm Woid
Überarb. 2. Auflage 2023,
176 Seiten, Format 17 x 24 cm,
durchgehend farbig, Hardcover
ISBN 978-3-95587-800-9
Preis: 24,90 €

Rupert Berndl
Brennsuppn und Erdäpfel
Vergessene Rezepte
aus dem Bayerischen Wald
Überarbeitete und
erweiterte 6. Auflage 2023,
168 S., Format 17 x 24 cm,
durchgehend farbig,
Hardcover
ISBN 978-3-95587-825-2
Preis: 24,90 €

Dieses Kochbuch soll an Gerichte erinnern, wie sie im Bayerischen Wald des 19. Jahrhunderts üblich waren. Die Rezepte stammen von Köchinnen aus Bürger- und Pfarrhäusern ebenso wie aus der Feder einfacher Bäuerinnen – und zeigen sich sehr vielfältig und reich an Ideen!

Rupert Berndl
**Rehragout
und Schnepfendreck**
Alte, vergessene Rezepte für
Wildgerichte · Jagd und
Wilderei im Bayerischen Wald
zwischen 1848 und 1948
1. Auflage 2020, 176 Seiten,
Format 17 x 24 cm,
durchgehend farbig, Hardcover
ISBN 978-3-95587-767-5
Preis: 24,90 €

Rupert Berndl
**Kartoffelsterz und
Hollerkoch** · Rezepte
aus schweren Zeiten
Überarb. und erweiterte
3. Aufl. 2023, 152 Seiten,
Format 17 x 24 cm,
durchgehend farbig,
Hardcover
ISBN 978-3-95587-826-9
Preis: 24,90 €

Gerade in unserer heutigen Zeit, in der man sich wieder auf eine möglichst kalorienarme, aber trotzdem schmackhafte Kost und einen nachhaltigen, schonenden und sparsamen Umgang mit Nahrungsmitteln besinnt, regen die in diesem Kochbuch zusammengetragenen Rezepte zum Nachkochen an.

Selbermachen

Gertraud Heidinger
Bienenschätze – Honig, Pollen, Propolis & Co.
Rezepte, Anleitungen & Tipps für Pflegendes, Heilendes, Kulinarisches und Kreatives
1. Auflage 2024, 168 Seiten, Format 13,5 x 20,5 cm, durchgehend farbig, Broschur
ISBN 978-3-89251-546-3
Preis: 19,90 €

In diesem Buch lernen Sie, welche herrlichen Dinge man aus Bienenprodukten wie Honig, Pollen oder Propolis zaubern kann! Leckere Rezepte, Anleitungen für pflegende und heilsame Cremes und Tinkturen, kreative Bastelideen, wie etwa Bienenwachstücher, Kerzen und vieles mehr – viel Wissenswertes, kombiniert mit tollen praktischen Anwendungsmöglichkeiten!

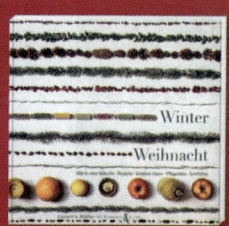

Cornelia Müller mit Kräuter & Leut
Winterweihnacht
Alte & neue Bräuche – Rezepte – kreative Ideen – Pflegendes – Sinnliches
1. Auflage 2022, 160 Seiten, Format 22 x 20,5 cm, durchgehend farbig, Hardcover
ISBN 978-3-95587-092-8
Preis: 24,90 €

Ramona Luger
Naturkosmetik selber machen
Natürlich schön durch gesunde, nachhaltige und preiswerte Pflege
Einfache Rezepte & Ideen für Cremes, Seifenprodukte, Gesichtsmasken, Haarpflege & vieles mehr!
1. Auflage 2023, 172 Seiten, Format 22 x 20,5 cm, durchgehend farbig, Hardcover
ISBN 978-3-95587-814-6 · Preis: 24,90 €

Cornelia Müller
Wildkräuter, Handarbeit & Brauchtum
Alte Rezepte, Handwerkstechniken & kreative Ideen
1. Auflage 2020, 192 Seiten, Format 22 x 20,5 cm, durchgehend farbig, Hardcover
ISBN 978-3-95587-077-5
Preis: 19,90 €

Garten | Handwerk • 29

Bücher für Gartenfreunde & Pflanzenliebhaber

Format 21 x 24 cm, durchgehend farbig, Hardcover, Preis: 24,90 €

Gartenreise durch Niederbayern und die Oberpfalz
Private Gärten der Region entdecken – Tipps & Inspirationen für naturnahes Garteln
1. Auflage 2024, 160 Seiten
ISBN 978-3-95587-099-7

Diese beiden Bücher führen Sie durch die herrlichsten Gärten in Niederbayern und der Oberpfalz! Die Gartenbesitzer haben ihre Gartentür'l geöffnet und zeigen Ihnen wundervolle Blumen und kreative Gestaltungsideen; sie präsentieren ihre Naturteiche, zeigen ihre Hühner oder geben hilfreiche Tipps zum Gemüseanbau.

Oberpfälzer Gartenglück
Hobbygärtnern ins Beet geschaut
1. Auflage 2021, 176 Seiten
ISBN 978-3-95587-081-2

Kristina Sandig
Manufakturen in der Oberpfalz
Von der Liebe zu handgemachten Dingen
1. Auflage 2023, 160 Seiten,
Format 13,5 x 20,5 cm,
durchgehend farbig, Broschur
ISBN 978-3-95587-098-0
Preis: 19,90 €

Christine Hochreiter
Manufakturen in Niederbayern
Von der Liebe zu handgemachten Dingen
1. Auflage 2021, 160 Seiten,
Format 13,5 x 20,5 cm,
durchgehend farbig, Klappenbroschur
ISBN 978-3-95587-771-2
Preis: 17,90 €

Hannelore Zech
Alles aus dem eigenen Garten
Ganzjährig selbstversorgt mit Permakultur
1. Auflage 2021, 160 Seiten,
Format 17 x 24 cm,
durchgehend farbig, Hardcover
ISBN 978-3-95587-775-0
Preis: 19,90 €

Faszinierende Bäume in Bayern

Baumgeschichten von Jürgen Schuller

Format 21 x 28 cm,
durchgehend farbig,
Hardcover

Alle Bücher mit GPS-Koordinaten der Bäume!

»Einmalige hölzerne Typen«
Hans Kratzer, Süddeutsche Zeitung

Faszinierende Bäume in der Oberpfalz
Baumgeschichte(n) · Biologie · Mythologie
Überarbeitete und erweiterte
2. Auflage 2022, 176 Seiten
ISBN 978-3-95587-094-2
Preis: 29,90 €

Faszinierende Bäume in Niederbayern
Baumgeschichte(n) · Biologie · Mythologie
1. Auflage 2022, 168 Seiten
ISBN 978-3-95587-792-7
Preis: 29,90 €

Faszinierende Bäume in Oberbayern
Baumgeschichte(n) · Biologie · Mythologie
1. Auflage 2023, 208 Seiten
ISBN 978-3-89251-541-8
Preis: 34,90 €

Kaum eine andere Tierart Mitteleuropas hatte ein so erfolgreiches Comeback wie der Biber. Dieses Buch basiert auf jahrelanger Forschung und täglicher Arbeit vor Ort. Es will den Blick schärfen für das Zusammenspiel von Biberaktivität und Artenvielfalt und eine Lanze brechen für das Miteinander von Mensch und Biber.

V. Zahner, M. Schmidbauer, G. Schwab & C. Angst
Der Biber · Baumeister mit Biss
2. Auflage 2022, 192 Seiten, Format 23,5 x 26,5 cm,
durchgehend farbig, Hardcover
ISBN 978-3-95587-793-4 · Preis: 34,90 €

Natur • 31

Wolfgang Benkhardt & Siegfried Steinkohl

Format 27 x 24 cm, durchgehend farbig, Hardcover, Preis: 24,90 €

Steinreich – Naturpark Steinwald
Überarb. und erweiterte
2. Auflage 2023,
144 Seiten
ISBN
978-3-95587-104-8

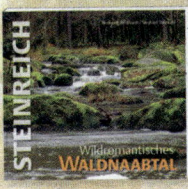

Steinreich – Wildromantisches Waldnaabtal
1. Auflage 2021,
128 Seiten
ISBN
978-3-95587-086-7

NEU Mitte Oktober 2024

Bund Naturschutz (Hg.)
Das Märchen von der Donauinsel bei Mariaort
1. Auflage 2024, 104 Seiten,
Format 16,5 x 24 cm,
Klappenbroschur
ISBN 978-3-89251-549-4
Preis: 14,90 €

Berndt Fischer
Wildfremd
Geheimnisse zwischen Bayern und Böhmen
1. Auflage 2020,
176 Seiten, F. 30,3 x 24 cm,
durchgehend farbig,
Hardcover
ISBN 978-3-95587-075-1
Preis: 29,90 €

Neuer Preis: 19,90 €

Berndt Fischer
Das Grüne Dach Europas
Eines der letzten Naturparadiese auf dem Alten Kontinent
144 Seiten, F. 27 x 24 cm,
durchgehend farbig,
Hardcover
ISBN 978-3-935719-85-8
früher: 24,95 €

G lücklicherweise wurde die Insel beim Donauausbau um 1970 nicht „aufgelöst", sondern lediglich naturfern gestaltet. Nun soll sie Stück für Stück wieder natürlicher und lebendiger werden. 650 Tier- und Pflanzenarten wurden auf den renaturierten, vorher landwirtschaftlich genutzten Intensivflächen gefunden. Dieses Buch lässt Sie eintauchen in dieses Projekt, das bereits mit dem Bayerischen Biodiversitätspreis sowie dem internationalen Stiftungspreis „Naturerbe Donau" ausgezeichnet wurde.

Wandern & Abenteuer

Format 13,5 x 20,5 cm, durchgehend farbig, Broschur mit Drahtkammbindung

Georg Luft
Burgen, Ritter, Schlossgespenster
Abenteuer-Wanderungen
in der südlichen Oberpfalz
1. Auflage 2021, 160 Seiten
ISBN 978-3-86646-396-7
Preis: 16,90 €

Georg Luft
Burgen-Wanderungen im Herzen der Oberpfalz
Spannende Touren zwischen Seen, Wäldern und Ruinen
1. Auflage 2022, 160 Seiten
ISBN 978-3-95587-411-7
Preis: 17,90 €

H. Gietlhuber
Wanderführer Vorderer Bayerischer Wald
Die 30 schönsten Touren zwischen Regensburg, Straubing & Cham
1. Aufl. 2021, 168 Seiten
ISBN 978-3-95587-787-3
Preis: 17,90 €

Wolfgang Benkhardt
Nördlicher Oberpfälzer Wald
Offizieller Führer
für den Naturpark
Überarbeitete 3. Auflage 2023,
200 Seiten, F. 13,5 x 20,5 cm,
durchgehend farbig, Broschur
ISBN 978-3-95587-105-5
Preis: 19,90 €

M. Urban & T. Roßmann
Abenteuer Hallertau
Micro Adventures
im Hopfenland
1. Auflage 2022, 216 Seiten,
Format 17 x 24 cm,
durchgehend farbig, Broschur
ISBN 978-3-95587-794-1
Preis: 19,90 €

Günter Moser, Bernhard Setzwein & Mathias Conrad
Oberpfälzer Burgen
Eine Reise zu den Zeugen der Vergangenheit
2. Auflage, 140 S., F. 27 x 24 cm,
durchgehend farbig, Hardcover
ISBN 978-3-935719-54-4
Neuer Preis: 19,90 € früher: 24,80 €

Bildbände von Kai Ulrich Müller

Faszination Oberpfalz
Überarbeitete 2. Auflage 2023, 208 Seiten,
Format 24 x 32 cm, durchgehend farbig,
Hardcover
ISBN 978-3-95587-101-7 · Preis: 39,90 €

Faszination Bayerischer Wald
Überarbeitete 2. Auflage 2022, 244 Seiten,
Format 24 x 32 cm, durchgehend farbig,
Hardcover
ISBN 978-3-95587-816-0 · Preis: 39,90 €

Faszination Heimat Straubing und der Landkreis Straubing-Bogen
1. Auflage 2021, 144 Seiten, F. 21 x 29,7 cm, durchgehend farbig, Hardcover

ISBN 978-3-95587-778-1 · Preis: 29,90 €

Jahrelang durchstreifte der Fotograf Kai Ulrich Müller Stadt und Landkreis Straubing auf der Suche nach den eindrucksvollsten Fotomotiven und faszinierendsten Lichtstimmungen – hier finden Sie das wunderbare Ergebnis!

Faszination Heimat Schwandorf Stadt und Landkreis
1. Auflage 2020, 144 Seiten, F. 21 x 29,7 cm, durchgehend farbig, Hardcover

Neuer Preis: 14,90 €

ISBN 978-3-86646-388-2 · früher: 29,90 €

Wundervolle Wanderpfade, Burgruinen, tiefblaue Seen: Der Landkreis Schwandorf ist ein absoluter Geheimtipp für alle, die auf der Suche nach der „echten" Oberpfalz sind – hier eingefangen in faszinierenden Bildern.

Wandern & Radeln

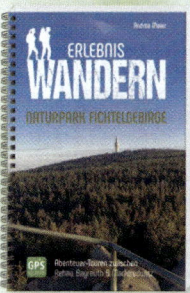

Andrea Maier
**Erlebniswandern
Naturpark Fichtelgebirge**
Abenteuer-Touren zwischen
Rehau, Bayreuth
& Marktredwitz
1. Auflage 2024, 160 Seiten
ISBN 978-3-95587-106-2
Preis: 17,90 €

G. Luft · **Erlebniswandern
Schwandorf & Umgebung**
Abenteuer-Touren rund um
Burglengenfeld,
Neunburg vorm Wald,
Oberviechtach & Nabburg
1. Auflage 2023, 160 Seiten
ISBN 978-3-95587-418-6
Preis: 17,90 €

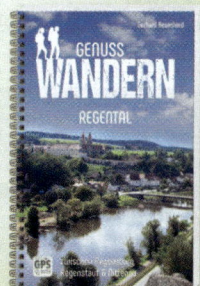

Gerhard Besenhard
Genusswandern Regental
zwischen Regensburg,
Regenstauf & Nittenau
Überarbeitete 4. Auflage
2023, 136 Seiten
ISBN 978-3-95587-100-0
Preis: 17,90 €

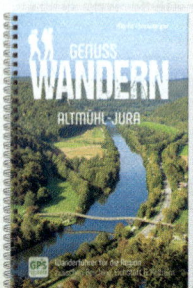

Martin Ehrensberger
**Genusswandern Altmühl-
Jura** · Wanderführer für die
Region zwischen Berching,
Eichstätt & Kelheim
1. Auflage 2024, 160 Seiten
ISBN 978-3-95587-433-9
Preis: 17,90 €

Martin Ehrensberger
**Genusswandern
Bayerischer Jura**
Wanderführer für die Region
zwischen Regensburg &
Neumarkt
1. Auflage 2023, 152 Seiten
ISBN 978-3-95587-419-3
Preis: 17,90 €

Alexandra Linzmeier
**Genusswandern
Hirschenstein & Umgebung**
Wanderführer für die Region
zwischen Viechtach &
Deggendorf
1. Auflage 2023, 128 Seiten
ISBN 978-3-95587-805-4
Preis: 17,90 €

Wandern & Radeln • 35

Wanderungen und Radltouren in unserer wunderschönen Region – unterwegs dahoam ♥

Format 13,5 x 20,5 cm, durchgehend farbig, Broschur mit Drahtkammbindung

Ob Fichtelgebirge oder Bayerischer Wald, ob Altmühl-Jura oder Regensburg – unsere Heimat ist ein Paradies für Wanderer und Radlfahrer! Abwechslungsreiche Landschaften, wunderschöne Natur: Die Genuss-Reihe begleitet Sie durch unsere Region, zu bekannten Gipfeln, schönen Seen, entlang wundervoller Pfade. Die Touren sind alle als Rundtouren konzipiert, exakt beschrieben, mit Infos zur Wegbeschaffenheit und Karten mit Höhenprofil. Dazu gibt's GPS-Daten für zusätzliche Orientierung. Einkehrtipps und weitere nützliche Infos gibt's obendrauf. Für alle Naturliebhaber, Sportler, Genießer und Entdecker!

Doris Becher-Hedenus &
Michael Hedenus
**Genusswandern
Regensburg**
Wanderführer für
Regensburg & Umgebung
1. Auflage 2023, 144 Seiten
ISBN 978-3-95587-421-6
Preis: 17,90 €

Alle Bücher mit GPS-Daten!

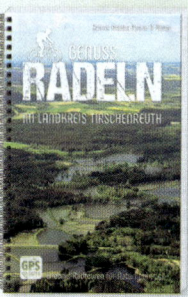

H. Baumgartner & G. Luft
**Genussradeln
rund um Regensburg**
Entdecker-Touren zwischen
Schwandorf, Straubing,
Abensberg & Parsberg
1. Auflage 2024, 176 Seiten
ISBN 978-3-95587-435-3
Preis: 19,90 €

Uwe Neumann
**Genussradeln
im Bayerischen Wald**
33 Erlebnis-Radtouren
für Naturliebhaber
2. Auflage 2022, 176 Seiten
ISBN 978-3-95587-791-0
Preis: 19,90 €

T. Sporrer, G. Richter,
B. Person & H. Pürner
**Genussradeln
im Landkreis Tirschenreuth**
Erlebnis-Radtouren
für Naturliebhaber
1. Auflage 2023, 168 Seiten
ISBN 978-3-95587-089-8
Preis: 17,90 €

36 • Wandern

Format 13,5 x 20,5 cm, durchgehend farbig, Broschur mit Drahtkammbindung

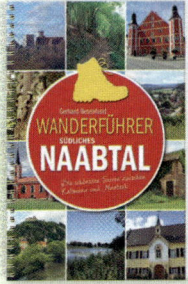

G. Besenhard · **Wanderführer südliches Naabtal**
Die schönsten Touren zwischen Kallmünz und Naabeck
120 Seiten
ISBN 978-3-95587-059-1
Preis: 16,90 €

Hubert Zaremba
Wanderführer Hirschwald
Die schönsten Touren zwischen Amberg, Kastl und Schmidmühlen
1. Auflage 2022, 128 Seiten
ISBN 978-3-95587-084-3
Preis: 17,90 €

M. Ehrensberger · **Wanderführer Oberpfälzer Jura & Tal der Schwarzen Laber**
Die schönsten Touren zwischen Neumarkt und Regensburg
1. Auflage 2022, 144 Seiten
ISBN 978-3-95587-407-0
Preis: 17,90 €

S. Berndl · **Wanderführer Lallinger Winkel und Sonnenwald**
Die schönsten Touren zwischen Deggendorf und Schönberg
1. Auflage 2021, 144 Seiten
ISBN 978-3-95587-770-5
Preis: 16,90 €

S. Berndl · **Wandern im Bayerischen Wald**
Natur genießen zwischen Deggendorf, Zwiesel & Spiegelau
1. Auflage 2022, 144 Seiten
ISBN 978-3-95587-783-5
Preis: 17,90 €

Manfred Probst
Wandern im Passauer Land
Entdecker-Touren rund um Passau
1. Auflage 2022, 144 Seiten
ISBN 978-3-95587-795-8
Preis: 17,90 €

Wandern • 37

J. Ertl & J. Fischaleck
Wandern zwischen Donau und Isar
Die schönsten Touren zwischen Regensburg, Straubing, Landshut und Kelheim
1. Auflage 2021, 144 Seiten
ISBN 978-3-95587-779-8
Preis: 16,90 €

C. Fuchs & D. Herrmann
Wandern in und um Freising, Erding & Moosburg / Isar
Genuss-Touren im Münchner Umland
1. Auflage 2023, 144 Seiten
ISBN 978-3-89251-540-1
Preis: 17,90 €

M. Hiergeist & H.-P. Müller
Wanderführer Bayerisches Donautal & Klosterwinkel
Entdecker-Touren zwischen Deggendorf und Passau
1. Auflage 2022, 144 Seiten
ISBN 978-3-95587-797-2
Preis: 17,90 €

U. Stanke · **Wanderführer Straubing-Bogen**
Die schönsten Touren zwischen Straubing und Sankt Englmar
Überarbeitete 3. Auflage 2022, 144 Seiten
ISBN 978-3-95587-810-8
Preis: 17,90 €

U. Stanke · **Wanderführer Straubing · Roding · Cham**
Die schönsten Touren zwischen Straubing und Waldmünchen
1. Auflage 2021, 144 Seiten
ISBN 978-3-95587-768-2
Preis: 16,90 €

Heimatgeschichte

Heimat – damals und heute

Format 21 x 24 cm, s/w bebildert, Hardcover

Die Autoren sammelten zahlreiche Bilder und Geschichten, sprachen mit den Einheimischen und recherchierten in den Archiven. Mit ihrem Buch möchten sie Erinnerungen bewahren: an Häuser, an Ereignisse, an Menschen.

Gabriele Deml & Fritz Rehbach
Dechbetten, Ziegetsdorf und Königswiesen
damals und heute
1. Auflage 2023, 152 Seiten
ISBN 978-3-95587-427-8
Preis: 29,90 €

»150 Seiten voller Erinnerung (…), eine nostalgische Zeitreise«

Claudia Erdenreich, Regensburger Zeitung

Karl und Peter Bauer
Regensburg – Kunst-, Kultur- und Alltagsgeschichte
6. Auflage, 1088 Seiten,
Format 17 x 24 cm,
s/w bebildert, Hardcover
mit Schutzumschlag
ISBN 978-3-86646-300-4
Preis: 49,90 €

Prüfening ist ein besonderer Regensburger Stadtteil – in diesem Buch finden Sie eine wunderbare Bildersammlung, die das Vergangene dem Heute gegenüberstellt.

Gabriele Deml & Fritz Rehbach
Großprüfening
Das Dorf im Stadtwesten –
damals und heute
1. Auflage 2021, 176 Seiten
ISBN 978-3-95587-405-6
Preis: 19,90 €

»Ein systematisch gegliedertes, höchst informatives Werk.«

Peter Burkes, Regensburger Tagebuch (Blog)

Verband deutscher Schriftstellerinnen und Schriftsteller Ostbayern (Hg.) &
Christian Greller Fotografie
Rendezvous mit Regensburg
Besondere Orte und ihre
verborgenen Geschichten
1. Auflage 2023, 176 Seiten,
Format 13,5 x 20,5 cm,
durchgehend farbig, Broschur
ISBN 978-3-95587-420-9
Preis: 19,90 €

Heimatgeschichte • 39

Was macht eine Stadt aus, in der Menschen gerne leben? Im Regensburger Almanach 2024 gehen die Autorinnen und Autoren dieser Frage nach – mit Beiträgen zum Klima, im direkten und übertragenen Sinn.

Sie hinterfragen das soziale Klima unserer Stadt, erzählen von wichtigen Initiativen und vom politischen und gesellschaftlichen Miteinander. Und sie befassen sich mit dem ökologischen Stadtklima, indem sie über klimaneutrale Stadtentwicklung von Architektur über Stadtplanung bis hin zu den Anliegen der Klimakleber berichten. Was hat sich im letzten Jahr getan? Welche Menschen, welche Ideen, welche Facetten des Klimabegriffs haben das Stadtbild und die Stadtgesellschaft besonders geprägt? Und gibt es historische Themen und Ereignisse, die damit zusammenhängen?

Der Almanach schaut genauer hin – durch die Brille bekannter Köpfe aus der Stadtgesellschaft, unterhaltsam aufbereitet.

Carola Kupfer (Hg.)
Regensburger Almanach 2024
Gutes Stadtklima
1. Auflage 2024, ca. 200 Seiten, Format 22 x 20,5 cm, durchgehend farbig, Hardcover
ISBN 978-3-95587-437-7 · Preis: 29,90 €

Julia Knoll & Peter Milic
Regensburg in historischen Bildern, Band 1
Straßen, Gassen und Plätze
auf Ansichtskarten
128 Seiten,
Format 22 x 20,5 cm,
s/w bebildert, Hardcover
ISBN 978-3-86646-324-0
Preis: 14,90 €

Julia Knoll & Peter Milic
Regensburg in historischen Bildern, Band 2
Gebäude und Bauwerke
auf Ansichtskarten
136 Seiten,
Format 22 x 20,5 cm,
s/w bebildert, Hardcover
ISBN 978-3-86646-346-2
Preis: 14,90 €

Otmar Fritz
Regensburg
Ein Stadtspaziergang
in historischen Fotos
112 Seiten, Format 24 x 20 cm,
durchgehend farbig, Hardcover
ISBN 978-3-86646-365-3
früher: ~~19,90 €~~

40 • Bildbände | Heimatgeschichte

W. & L. Bahnmüller · **Regensburg**
Weltkulturerbe · Deutsch · Englisch
2. Auflage
ISBN 978-3-89251-374-2 · Preis: 19,90 €

W. & L. Bahnmüller · **Ingolstadt**
Eine Bilderreise · Deutsch · Englisch
ISBN 978-3-89251-452-7 · Preis: 19,90 €

M. & B. Siepmann · **Der Pfaffenwinkel**
Eine Bilderreise rund um Weilheim und
Schongau · Deutsch · Engl. · Französ.
ISBN 978-3-89251-453-4 · Preis: 19,90 €

M. & B. Siepmann · **Rosenheim**
Eine Bilderreise durch den Landkreis
Deutsch · Englisch · Italienisch
ISBN 978-3-89251-471-8 · Preis: 19,90 €

M. & B. Siepmann · **Traunstein**
Eine Bilderreise durch den Landkreis
Deutsch · Englisch · Italienisch
ISBN 978-3-89251-479-4 · Preis: 19,90 €

108 Seiten, Format 23 x 22 cm, durchgehend farbig, Hardcover

Reise durch die Zeit

Birgit Angerer &
Ralf Heimrath
Woaßt as no?
Fotografische
Erinnerungen
aus der Oberpfalz
3. Auflage

ISBN 978-3-935719-15-5

Heimatgeschichte • 41

Neuer Preis: 14,90 €

Historische Nebenbahnen
in der Oberpfalz und Niederbayern
120 Seiten, Format 14,8 x 21 cm, zahlreiche s/w-Abbildungen, Broschur
ISBN 978-3-86646-556-5
früher: 19,95 €

Rupert Berndl
Als die Eisenbahn in den Wald kam
Eine Erfolgsgeschichte aus dem Bayerischen Wald
136 Seiten, Format 17 x 24 cm, farbig, Hardcover
ISBN 978-3-95587-750-7
Preis: 19,90 €

128 Seiten, 26 x 21 cm, s/w bebildert, Hardcover, Preis: 16,90 €

Birgit Angerer & Ralf Heimrath
No wos vo fröiha
Ein Rückblick mit alten Fotos aus der Oberpfalz
2. Auflage
ISBN 978-3-935719-22-3

Bildbände von Martin Ortmeier

Format 26 x 21 cm, s/w bebildert, Hardcover

Herent und drent
Alte Bilder aus dem Bayerischen Wald und dem Böhmerwald
Überarbeitete 3. Auflage 2023, 160 Seiten
ISBN 978-3-95587-821-4 · Preis: 24,90 €

Schee is gwen, owa hirt
Alte Bilder aus dem Bayerischen Wald
Überarbeitete 6. Auflage 2022, 128 Seiten
ISBN 978-3-95587-815-3 · Preis: 24,90 €

Seinerzeit auf dem Land
Alte Bilder von Frauenalltag und Männerwelt in Ostbaiern
144 Seiten
ISBN 978-3-95587-736-1 · Preis: 19,90 €

Heimatgeschichte

Erich Hafner &
Wolf-Heinrich Kulke
Kelheim in den 1950er und -60er Jahren
Wiederaufbau und Wirtschaftswunder
1. Auflage 2024, 144 Seiten,
Format 21 x 21 cm,
mit ca. 100 Farb- und Schwarz-Weiß-Fotos, Hardcover
ISBN 978-3-95587-436-0
Preis: 19,90 €

Bildband
mit Farb- und Schwarz-Weiß-Fotos

Das Buch nimmt Sie mit auf eine Zeitreise in die jüngste Vergangenheit der mittelalterlichen Herzogstadt. Entdecken Sie, wie sich die Stadt verändert hat. Die Älteren werden bei dieser Zeitreise vieles wiederfinden, an das sie Erinnerungen knüpfen. Die Jüngeren werden erkennen, welch Aufbauwille und Leistungsbereitschaft damals nötig waren, damit man auch in Kelheim von einem „Wirtschaftswunder" sprechen konnte. Was ging verloren – und was blieb?

Rudolf Ehstand
Kapellen im Landkreis Tirschenreuth
Orte, Bilder & Geschichte(n) mit Tourenvorschlägen und GPS
1. Auflage 2024, 240 Seiten,
Format 14,8 x 21 cm,
durchgehend farbig, Broschur
ISBN 978-3-95587-107-9
Preis: 19,90 €

Mit Tourenvorschläger und GPS!

Bergverein Kallmünz e. V. (Hg.)
Ein Spaziergang durch Kallmünz in historischen Postkarten & Fotos
1. Auflage 2021, 144 Seiten,
Format 24 x 21 cm,
s/w bebildert, Hardcover
ISBN 978-3-95587-406-3
Preis: 19,90 €

Gabriele Kiesl & Uschi Gillitzer
Cham und Umgebung – Gestern und heute
128 Seiten, Format 22 x 21 cm,
durchgehend farbig, Hardcover
ISBN 978-3-95587-051-5
Preis: 19,90 €

Wolf-Dietrich Nahr
Menschen am Alten Kanal
Leben an König Ludwigs Wasserstraße
1. Auflage 2022, 108 Seiten,
Format 21 x 24 cm,
s/w bebildert, Hardcover
ISBN 978-3-95587-088-1
Preis: 24,90 €

Historische Romane • 43

Historischer Roman – nach einer wahren Begebenheit

Am Abend des 16. Juli 1945 bleibt nahe dem Dorf Aßling in Oberbayern ein Zug liegen. Die 1200 Soldaten an Bord haben den Horror des Krieges überlebt, endlich dürfen sie nach Hause. Doch nicht alle werden ihr Ziel erreichen …

Die auf einer wahren Begebenheit basierende Geschichte zeigt ein Dorf an einer radikalen Zeitenwende – und hebt dabei ein beinahe vergessenes historisches Ereignis ans Licht: das schwerste Zugunglück in Deutschland nach dem Zweiten Weltkrieg.

»Ein sprachlich brillantes Sittengemälde einer Dorfgesellschaft im Ausnahmezustand.«

Thorsten Rienth, Süddeutsche Zeitung

Simon Viktor · **Durch die Welt ein Riss**
Das Zugunglück von Aßling 1945 – Geschichte einer Tragödie
1. Auflage 2022, 200 Seiten,
Format 13,5 x 20,5 cm, Broschur
ISBN 978-3-95587-799-6 · Preis: 16,90 €

Manfred Böckl
Jennerwein
Ein bayerisches Wildererdrama
Historischer Roman
138 S., Format 14,5 x 21,5 cm,
Klappenbroschur
ISBN 978-3-89251-466-4
Preis: 11,90 €

Wilma Pfeiffer
Die wilde Kaiserin · Sisi in Geschichten und Anekdoten
2. Auflage, 160 Seiten,
Format 13,5 x 20,5 cm,
Hardcover
ISBN 978-3-89251-503-6
Preis: 14,90 €

Manfred Böckl
Agnes Bernauer
Hexe · Hure · Herzogin
208 Seiten,
Format 14,5 x 21,5 cm,
Klappenbroschur
ISBN 978-3-89251-492-3
Preis: 12,90 €

Bücher von Peter Schmoll

Sperrfeuer
Die Regensburger Flakhelfer
144 Seiten, Format 17 x 24 cm,
Broschur
ISBN 978-3-86646-357-8
Preis: 19,90 €

**Messerschmitt-Giganten
und der Fliegerhorst
Regensburg-Obertraubling
1936–1945**
Überarbeitete 3. Auflage 2022,
280 Seiten, Format 21 x 28 cm,
s/w bebildert, Hardcover
ISBN 978-3-95587-416-2
Preis: 39,90 €

**Die Messerschmitt-Werke
im Zweiten Weltkrieg**
3. Auflage, 232 Seiten,
Format 17 x 24 cm, Hardcover
ISBN 978-3-931904-38-8
Preis: 20,50 €

Rainer Ostermann
**Kriegsende
in der Oberpfalz**
Ein historisches Tagebuch
3. Auflage 2023,
192 Seiten,
Format 17 x 24 cm,
s/w bebildert, Hardcover
ISBN 978-3-95587-424-7
Preis: 24,90 €

Im April 1945 begann die 3. US-Armee, in die Oberpfalz vorzustoßen. Aufgrund unsinniger Durchhaltebefehle kam es in vielen Städten und Gemeinden noch zu erschütternden Ereignissen und furchtbaren Zerstörungen. Der vorliegende Band ist auf der Grundlage zahlreicher Berichte von Zeitzeugen und der amerikanischen Kriegstagebücher entstanden.

Josef Fischer & Erich Zweck
(Hg. Stadt Schwandorf)
Schwandorf 1945
Leben in einer zerstörten Stadt
1. Auflage 2020, 336 S., F. 21 x 28 cm,
durchgehend farbig, Hardcover
ISBN 978-3-86646-395-0
Preis: 29,90 €

Auf das Kampfflugzeug Messerschmitt Me 210 setzte das Reichsluftfahrtministerium große Hoffnungen und bestellte vom Reißbrett weg 2000 dieser Flugzeuge, ohne eine Flugerprobung abzuwarten. In der Erprobung ergaben sich dann immer mehr aerodynamische und technische Probleme. Die Schwierigkeiten führten letztendlich im März 1942 zum Stopp der Produktion in Augsburg und Regensburg – für den Messerschmitt-Konzern ein Fiasko. Im Buch werden zahlreiche Fotos und technische Dokumente erstmals veröffentlicht. Auch wird der verlustreiche Einsatz der Me 210 bei der Luftwaffe in den Jahren 1942–1944 erstmals dokumentiert. Ein besonderes Kapitel befasst sich zudem mit der Symbolik der Uniformen im Dritten Reich.

Messerschmitt Me 210
Das Rüstungsfiasko eines
Kampfflugzeuges im Zweiten Weltkrieg
1. Auflage 2023, 176 S., Format 21 x 28 cm,
s/w bebildert, Hardcover
ISBN 978-3-95587-428-5 · Preis: 39,90 €

Me 109
Produktion und Einsatz
312 Seiten,
Format 21 x 28 cm, Hardcover
ISBN 978-3-86646-356-1
Preis: 29,90 €

Luftangriffe auf Regensburg
Die Messerschmitt-Werke und
Regensburg im Fadenkreuz
alliierter Bomber 1939 – 1945
3. Auflage, 272 Seiten,
Format 21 x 28 cm, Hardcover
ISBN 978-3-86646-380-6
Preis: 29,90 €

Regensburg
Die Katastrophe vom
17. August 1943
128 Seiten, Format 17 x 24 cm,
Broschur
ISBN 978-3-86646-369-1
Preis: 19,90 €

Manfred Böckl
Der Mühlhiasl
7. Auflage 2023, 96 Seiten,
s/w bebildert, Hardcover
ISBN 978-3-95587-103-1
Preis: 13,90 €

Andreas Zeitler
**Die Prophezeiungen
des Mühlhiasl**
11. Auflage 2022, 64 Seiten,
Broschur
ISBN 978-3-95587-817-7
Preis: 8,90 €

Manfred Böckl · **Mühlhiasl**
Der Seher vom Rabenstein
Roman
11. Auflage 2022, 272 Seiten,
Hardcover
ISBN 978-3-95587-819-1
Preis: 17,90 €

Manfred Böckl
**Prophezeiungen
zum Dritten Weltkrieg**
3. Auflage 2022, 136 Seiten,
Broschur
ISBN 978-3-95587-807-8
Preis: 14,90 €

Die bayerischen Seher
Geheimes Wissen und uralte magische Praktiken

Zu allen Zeiten und in allen Kulturkreisen hat es Seherinnen und Seher gegeben. Zwei der bekanntesten bayerischen Seher waren der Waldprophet **Mühlhiasl** und der Brunnengräber **Alois Irlmaier** aus Freilassing. Der Mühlhiasl sagte im 18. Jahrhundert den Ausbruch der beiden Weltkriege im 20. Jahrhundert voraus und warnte vehement vor einem dritten und letzten Weltkrieg. Ferner prophezeite er z. B. das Aufkommen von Flugzeugen und Dampfschiffen sowie den Untergang der Feudalherrschaft und der Kirche. Alois Irlmaier erregte vor allem durch sein Hellsehen großes Aufsehen und trug nach dem Zweiten Weltkrieg sogar zur Aufklärung spektakulärer Kriminalfälle bei. In seinen letzten Lebensjahren hatte auch er Zukunftsvisionen und sagte z. B. verheerende Klimaveränderungen und einen weltweiten Nuklearkrieg voraus.

Format je 13,5 x 20,5 cm

Prophezeiungen & Mystik • 47

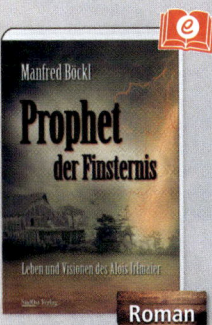

Manfred Böckl
Prophet der Finsternis
Leben und Visionen des
Alois Irlmaier · Roman
5. Auflage 2022, 304 Seiten,
Hardcover
ISBN 978-3-95587-809-2
Preis: 19,90 €

Johann Härtl · **Resl von Konnersreuth**
Leben und Wirken meiner Großtante Theres Neumann
1. Auflage 2022, 208 Seiten, Format 22 x 20,5 cm,
s/w bebildert, Hardcover
ISBN 978-3-95587-087-4 · Preis: 24,90 €

Vor knapp 100 Jahren erlangte die Marktgemeinde Konnersreuth weltweite Bekanntheit. Von 1926 bis 1962 sahen Tausende, wie die „Resl von Konnersreuth" die Passion Christi durchlitt und ihre Wundmale dabei bluteten. Der Autor Johann Härtl, Großneffe von Theres Neumann, hat jahrelang in Archiven, Büchern und in seiner Familie über das Leben und Wirken seiner Großtante recherchiert und bislang teilweise unveröffentlichte Informationen, Dokumente und Zusammenhänge in Buchform gebracht.

Egon M. Binder
Alois Irlmaier 1894–1959
Der Seher von Freilassing
Prophezeiungen
4. Auflage 2022, 72 Seiten,
s/w bebildert, Broschur
ISBN 978-3-86646-781-1
Preis: 9,90 €

Carl Amery
**Der Untergang
der Stadt Passau**
Ein Zukunftsroman aus Bayern
3. Auflage 2022, 112 Seiten,
Broschur
ISBN 978-3-95587-808-5
Preis: 13,90 €

ALTBAYERISCHER FESTTAGS- UND BRAUCHTUMS-KALENDER 2025

OBERBAYERN | NIEDERBAYERN | OBERPFALZ

mit Mond-, Aussaat- & Pflanzkalender

Nähere Infos auf Seite 3!

Battenberg Gietl Verlag GmbH
Pfälzer Straße 11 · D-93128 Regenstauf
Telefon: 09402 9337-0
E-Mail: info@battenberg-gietl.de

Unser vollständiges Buchprogramm finden Sie unter: www.battenberg-gietl.de/heimat

aber man konnte sie ja nichts fragen. Ein kaum hörbares „Ssssst" unterbrach die entstandene Stille im Stall. Es kam von einer Fliege. Gaaaanz leise, man konnte es gerade noch verstehen, summte sie: „Sssssoll ich euch ssssagen, wassss die Mensssschen in diessser Nacht machen? Ich weisss esss nämlich, denn ich kann den Sssstall verlasssen und zu den Mensssschen in die Sssstube fliegen!"

Normal nahm keines der großen Tiere die lästigen Summer ernst, es mochte sie auch keiner, aber nun waren sie neugierig geworden. „Erzähl, du Plagegeist!", befahl Horno. Plagegeist sagte er ganz bewusst, weil die Fliegen ständig um seinen Hintern herumschwirrten, denn was aus Hornos Hintern herauskam, war für sie eine Köstlichkeit. Horno hatte deshalb schon oft teils scherzhaft, teils genervt, gesagt: „Also euch graust vor gar nix, ihr fresst jeden Scheiß!"

Tja, und dann berichtete die Fliege stolz, weil sie auch einmal wichtig war, von ihren Beobachtungen bei den Menschen am Heiligen Abend. Dass sie einen schön geschmückten Christbaum haben, dass Lichter an ihm brennen und dass unter dem Baum Geschenke liegen, über die sich alle freuen. Und dass man festliche Musik hörte. Mit großen Kuh-, Schaf-, Ziegen- und Schweinsaugen lauschten alle Stallbewohner der kleinen Fliege. Sie konnte zwar nur ganz leissse, aber wunderschön erzählen.

„Und wenn sie ihre Geschenke ausgepackt haben, gehen sie dann schlafen?", fragte Schaf Schoof.

„Nein, dann gibt es wasss Gutesss zu esssen!", summte die Fliege, „letztesss Jahr am Heiligen Abend waren die Kinder des Bauern ausss München zu Besssuch mit den Enkeln! Da gab ess ganz wasss Gutesss!"

„Was denn?", wollte Grunzine wissen. Sie war nämlich sauneugierig.

Komischerweise stockte plötzlich der zuvor begeisterte Erzählfluss der Fliege. Grunzine bohrte nach: „He, Fliege, was es zu essen gab bei den Menschen will ich wissen! Erzähl weiter!"

„Ach, dasss isssst eigentlich nicht ssso wichtig", wollte die Fliege ablenken.

„Das ist schon wichtig!", wurde Grunzine langsam ungehalten, „wir alle wollen jetzt sofort wissen, was die Menschen an so einem feierlichen Abend essen! Wir kriegen ja da auch immer was Feines: Rüben, Mais, frisches Heu, Weizenschrot und so. Was gab es denn bei den Menschen in der Stube?"

„Na gut", gab die Fliege nach, „na gut, dann ssssage ich es, du willsssst esss ja nicht anderssss! Esss gab Ssspanferkel! Und ich habe esss erkannt: Esss war euer Bub, der Haxl!"

Da blickten alle sehr, sehr betreten in Richtung Grunzine und Eberhard und zu den ahnungslosen Ripperl und Wammerl und keiner wusste, was er sagen sollte.

Als Erster fand Eberhard trotz des Schocks seine Sprache wieder und er meinte frustriert: „So eine Sauerei!"

Und schon war der Zauber der Heiligen Nacht wieder vorbei und damit auch die Gabe der Tiere, sich zu unterhalten. Alle waren schon jetzt gespannt, was es in einem Jahr wieder Neues zu erzählen geben würden (hoffentlich nicht wieder von einem Spanferkel bei den Menschen!) und widmeten sich den Rüben, dem Mais, dem frischen Heu und dem Weizenschrot. Nur Goaßalia wollte nichts essen. Warum? Naja, sie hatte nach wie vor keinen Bock!

Gedrückte Silvesterstimmung

Kare: Sepp, des is schee, dassma uns mir zwoa wieder amal a Halbe kaffa miteinander! Zeit is worden!

Sepp: Find i aa! Und i woaß ned, ob dir des klar is: Des is des erste Mal heier! Mir hamm uns des Jahr no nie zammgsitzt aaf a Halbe!

Kare: Wahnsinn! Dann is wirklich Zeit worden! Is ja scho da zwoate Januar! A guads Neis übrigens!

Sepp: Dankschön, dir aa!

Kare: Mersse! Und? Host dir wos vorgnumma?

Sepp: Vorgnumma? Wen vorgnumma?

Kare: Ned wen, wos! Vorsätze moan i, host an Vorsatz für des Jahr?

Sepp: Mei, im Prinzip ned. I nimm mir eigentlich bloß immer vor, dass i des neie Jahr überleb. Und bis jetza hods ganz guad highaut, scho 57-mal. I plans heier wieder, ehrlich gsagt.

Kare: Des is a guada Vorsatz, a ganz a guada, a lebenswichtiger! Und er hod einen Sinn! Weil der ganze andere Krampf is eh a Schmarrn. Abnehma, raucha aafhörn, lauter Schmarrn!

Sepp: Und bei mir teilweise ned realisierbar. I konn des Raucha beim besten Willen ned aafhörn, weil i rauch ja ned.

Kare: Ja eben! Und abnehma is aa a Schmarrn! I hob amal de Igitte-Diät gmacht …

Sepp: Hoaßt de ned Brigitte-Diät?

Kare: Konn aa sei. Aaf jeden Fall hob i de gmacht und dann dramatisch abgnumma, über 4 Kilo!

Sepp: Hut ab!

Kare: Ja. Und dann hamms mi gfragt, ob i krank bin! De Frau Krintlmeier, de dreimal am Dog zum Friedhof rennt und bloß de ganze Zeit übers Sterben red, de hod mi gfragt: „Sie schaun ned guad aus! Wia lang hamms denn no?"

Sepp: Eine Unverschämtheit! Der Totenvogel, der greisliche! De hod wahrscheinlich gehofft, dass bald wieder aaf a Beerdigung geh konn!

Kare: Wahrscheinlich, de Hex de! Und drum nimm i nimmer ab. Des is peinlich, wennst dann glei so krank ausschaust, dass du mitm Friedhof in Verbindung bracht wirst!

Sepp: Genau! Und wenn jemandem mei Gwicht ned passt, dann is des sei Problem. Hauptsach, mir passts! Mei Hosn passt mir zwar nimmer, owa mei Gwicht passt mir! Es gibt ja im Prinzip bloß zwoa Menschen, denen mei Gwicht ned passt: meim Wei und meim Doktor!

Kare: Des is ok, weil de zwoa konnst vernachlässigen. Zwoa vo 8 Milliarden, des is praktisch nix.

Sepp: Wenger wia nix, null komma nullnull!

Kare: Du, i hob mir scho wos vorgnumma: I hob mir vorgnumma, dass i am Silvester um zwölfe in da Nacht nimmer auße geh!

Sepp: Auße? Wia auße?

Kare: Aaf d'Straß auße! I geh do nimmer auße!

Sepp: Ja, warum ned? Is dir z'kalt oder wos?

Kare: Achwo! Kalt is an Silvester scho Jahre nimmer. Naa, i geh nimmer auße, weil mir des dermaßen peinlich is. I mog des einfach ned.

Sepp: Wos magst ned?

Kare: Diese gottverdammte Druckerei! Mir graust direkt vor dera. I bin des ned gwohnt.

Sepp: De Druckerei? I woaß etza echt ned, wos du moanst. Wos denn für a Druckerei? Ihr habts doch in eierer Straß koa Druckerei ned, des daad i doch wissen! A Bäckerei habts, an Getränkemarkt und den Dönermenschen, owa doch koa Druckerei.

Kare: Ja sag amal, bist du so bläd oder duast bloß aso? I mog des gegenseitige Drucka ned, wenn man sich a guads neis Johr wünscht! De Umarmungen!

Sepp: Achsooo, des moanst du! Also, so richtig gern mog i des aa ned. Bei uns dahoam, wia i a Kind war, do is ned druckt worn.

Kare: Ja eben, bei uns aa ned! Des hodma ned kennt. Mei Voda, der hod mei Muada nie druckt. I glaub, der hod gar ned gwisst, wia des geht. Obwohl, oamal, beim Volksfest, do war er bsuffa und hod d'Bedienung druckt, owa total verklemmt, peinlich direkt. Drum hodna aa mei Muada damals gscheit zammgschissn, weil er sich so bläd ogstellt hod bei da Druckerei. „Schaama muassma sich mit dir!", hods gsagt. Und drum hod mir koaner de Druckerei glernt, weils koaner kinnt hod dahoam bei uns. Da Opa sowieso ned, der hod d'Oma praktisch nie oglangt. I frog mi, wia de zu de fünf Kinder kema san.

Sepp: Des stimmt! Meine Großeltern hamm sogar des Liacht ausdraht, wenns d'Hosn oder d'Blusn auszogen hamm, so gschaamig warn de. Berührn? Nie und nimmer! Schmusen? Vergiss es! Drucka? Aus waar's! Und trotzdem: Aa fünf Kinder! Ein Rätsel, rein biologisch!

Kare: Genau! Des Radlflicka und des Bulldogfohrn, des hod mir mei Voda glernt, owa des Drucka ned.

Sepp: Wobei des Radlflicka und des Bulldogfohrn natürlich scho wichtiger san!

Kare: Sowieso! Mehr braucht da Mensch ned. Und des ganze Sexuelle, über des is bei uns dahoam ned gred worn. I hob amal interessehalber gfragt: „Wo kimm i eigentlich her? Da Storch, der hod doch mi niemals heben kinna! Hod mi vielleicht a Elefant bracht oder a Giraff?" Dann hod mei Voda gsagt: „Wennst wos ned woaßt, dann kaaf dir von deim Taschengeld amal ned bloß Leberkassemmeln, sondern des BRAVO! Und dann les, wos do drinsteht über des ganze Zeig! De wissen eh mehr als i!"

Sepp: Do hod er bestimmt recht. Und?

Kare: Ja, i hob mir des BRAVO kafft und dann hob i mi auskennt! Von wegen Elefant oder Giraff! Und wos ned dringstandn is, des hod mir de Schwingerl Resi zoagt,

	de war damals vier Johr älter wia i, de hod sich auskennt. Owa de Druckerei hods mir aa ned glernt! Wiama do d'Händ halt und so, null Ahnung. Und drum hass i de Druckerei an Silvester!
Sepp:	Kare, des versteh i voll und ganz! Wars recht schlimm vorgestern?
Kare:	Omei, hör mir auf! Kurz vor Mitternacht sagt d'Hildegard: „Karl-Heinz, gema auße und genießma des Flair!"
Sepp:	Des Flair! Sie schau o! Stammt von an Bauernhof in Niederfronzing und red vom Flair! Es is a Wahnsinn!
Kare:	Des hods wieder irgendwo glesen. Sie hod halt des Feuerwerk gmoant und des ganze Gschepperer. Dann samma auße. I hob in da linken Hand a Glasl Sekt ghabt und in da rechten aso a lange Semmel, Parkett oder wia de hoaßt.
Sepp:	Baguette!
Kare:	Genau! Mit Remoulade, Lachs und Zwiebeln. Und zwecks da Veganität a Solotblattl om draaf.
Sepp:	Sehr vernünftig! Und guad! Zwar koa Leberkas, owa immerhin aa essbar.
Kare:	Richtig! So – kaum warma draußn, keman de ganzen Nachbarn aa außa zum Flair. Mei, es hod plus 11 Grad ghabt, a angenehmer warmer Wind hod gwaht, do konnmas scho aushalten heraußen. Und dann is losganga mit da Schepperei: zack, bumm, krach und so weiter. Alle Farben, alle Töne. Weil es war zwölfe. I betrachte des Gfetz und bis i schau, kimmt d'Frau Wenzler daher, scho einen mords Schwips im Gsicht, fallt mir ohne Vorwarnung um den Hals und sagt: „Ein gutes neues Jahr, Karl-Heinz! Auf weitere gute Nachbarschaft!" I bin dermaßen erschrocka! I hob ned gwisst, wos i macha soll mit meine Händ'! Rechts den Sekt und links de Franzosensemmel! I hob dann irgendwie meine Arm um sie ume do und hob gsagt: „Jawoll, Frau Wenzler!"
Sepp:	Souveräne Reaktion deinerseits, daad i song.

Kare: Gell! Owa der Wahnsinn is weidaganga, dann sagt sie: „Ach, hör doch auf mit Frau Wenzler! Die Frau Wenzler war letztes Jahr! Ich bin die Ricarda!" Wos willst do macha als normaler Mensch? Hob i gsagt: „Do schau her! Ja, dann waar i da Kare!" Und zack, haut de mir a Busserl ins Gsicht, a patschnasses! I hob glaubt, a Hund schleckt mi ab, so feicht war des!

Sepp: Ja pfui Deifl! So wos Aufdringliches! Wenns wenigstens schee waar!

Kare: Ein Wahnsinn! I war so schockiert vo dem sexuellen Angriff und hob reflexartig de rechte Hand mit dem Baguette krampfhaft zammdruckt. I schätz, do is a Batzn Remoulade in ihra rückenfreies schwarz Kleidl einetropft. Owa de hod des nimmer gspannt vor lauter Rausch und Triebhaftigkeit! I war dann erleichtert, wia da Grundler Max daherkema is, weil dann hod sie sich den gschnappt! „Maximiiiiilian!", hods gschrian, „ich bins, di Ricarda! Komm doch her zu mir!" Diese Enthemmung is wos Furchtbares! I wenn an Fetzn Rausch hob, i schlaf ei oder speib. Aber i belästige niemals fremde Männer!

Sepp: Hods denn den Max aa abgschleckt?

Kare: Zum Speim! Und glei draaf den Raderer Schorsch! Eigentlich jeden. De is etza mit da ganzen Straß per du. Sogar mitm Großvater vom Fruntl Alis, der war mitm Rollator heraußen und hod sich ned wehrn kinna! „Ich bin die Ricarda und ich stehe auf weißes Haar!", hods gsagt und scho war er abgschleckt! Er hod überhaupt ned gschnallt, wos do abgeht, und hod bloß no gsagt zu seiner Schwiegertochter: „Susanne, bring mi eine, schnell! De hods nimmer alle!"

Sepp: Peinlich! Owa sei froh, dass du sie losghabt host!

Kare: Von wegen! I hob mi no gar ned von dera Belästigung erholt ghabt, kimmt d'Winslerin daher. Woaßt scho, d'Frau vom Winsler Hans.

Sepp: D'Ruth? Die wo nix weiß und wo nix tut?

Kare: Haargenau! I hob aa gmoant, de tut nix, owa de war ebenfalls vollkommen enthemmt. Hod a Proseccoflaschn dabei, wo sie scho a Drittel ausgsuffa hod. Dann druckt de mi aus heiterem Himmel, dass i kaum mehr schnaufa hob kinna!

Sepp: E-kel-haft!

Kare: Und schmerzhaft! De hod mir de Proseccoflaschn ins Kreiz eineghaut, dass i heit no an blauen Fleck hob! Mir san fast d'Tränen kema, so weh hod des momentan do.

Sepp: Brutal! Es gibt nix Schlimmeres als eine hemmungslose Frau! Es sei denn, sie is jung und schaut guad aus.

Kare: Des is wieder wos anderes. Owa de Ruth is ja weder noch! I derf gar ned drodenka an de Szene mitten aaf da Straß. Hängt de an mir dran wie eine Klette und seufert mir ins rechte Ohr eine: „Kare, du bist mein absoluter Lieblingsnachbar! Da waarst bestimmt zärtlicher wia mei Hans, der Büffel! Glaubst, der daad amal sagen zu mir: ‚Ruth, ich liebe dich!'? Der sagt des ned! Du daadst des bestimmt sagen, oder, lieber Kare?"

Sepp: Ja um Gottes willen! Du arme Sau! Des san die Allerschlimmsten, die wo sich bei andere Männer über den eigenen beschweren, des san die Allerallerschlimmsten! I wenn des hörn daad, dass mei Renate sich bei einem anderen beschwern daad, dass i ned „ich liebe dich" zu ihr sog, dann daad da Huat brenna, des sog i dir! Weil i sog, wos i mog, und i sog ned, wos i ned mog!

Kare: Genau! Und mir war des dermaßen peinlich! I spiel doch mitm Winsler Hans Schafkopf. Und dann sagt de mir sowos! Direkt in mei Ohr eine, mit einer feuchten Aussprache, wia aso a Art Sprühregen! Mir war des sowos vo unangenehm, psychisch und körperlich aa. Weil woaßt, i hob ja immer no des Baguette und des Sektglasl in de Händ' ghabt und halten miassn während dera Druckerei und Schmuserei, des hod fast krampfartig weh do. Am liabsten hätt i gsagt: „Schau, dass du weidakimmst, du bsuffane Schatulln du!"

Sepp: Kare, i versteh di. I versteh di voll und ganz! Owa, des konnst ja der Nachbarin ned so direkt song ins Gsicht. Man lebt ja Haus an Haus und Tür an Tür des ganze Jahr. Und außerdem spielst mit ihrem Mo Schafkopf. Des is dann aa bläd: Mit da Frau zkriagt sei und mitm Mo Karten spieln, des is schlecht.

Kare: Ja eben! Und drum hob i gsagt: „Ruth", hob i gsagt, „Ruth, so leid's mir tut, owa i muass dringend bieseln! Es hilft alles nix, so schee wia es waar, owa der Sekt!"

Sepp: Guade Idee! Und wia hods reagiert? Einsichtig?

Kare: Von wegen, beleidigt natürlich! „Du bist da gleiche Büffel wia mei Mo!", hods gsagt, „du daaderst bestimmt aa ned sagen ‚Ruth, ich liebe dich'! Ihr seids alle gleich! Männer sind Schweine! Dann biesl doch, wenn dir d'Soacherei wichtiger is wia i!"

Sepp: So ein Rindviech! Und so ordinär!

Kare: Du sagst es! Ich frage dich: Warum soll i zu einer fremden Frau song „Ich liebe dich"? I sogs ja ned amal zur eigenen!

Sepp: Ja eben. Und wos war dann?

Kare: Dann hod sie sich trollt mit ihrer Proseccoflaschn und is zum Schruderer Otto higrennt. Und zack, hods den Otto scho ghabt am Gnack! Der hod keine Chance ned ghabt.

Sepp: Des vergunn eam, dem Deppen, des vergunn eam von Herzen! Da Schruderer Otto hod mir nämlich des Kraut ausgschütt damals, wia er öffentlich in der Sauna behauptet hod, i hob mein Carport schwarz baut!

Kare: Host ja!

Sepp: Ja natürlich! Owa der braucht des ned öffentlich behaupten. In da Sauna!

Kare: Des stimmt. Weil des is a Privatsach!

Sepp: Genau. Du, ganz wos anders: Wo war da Winsler Hans eigentlich? Hod der des geduldet, dass sei Gattin dauernd fremde Männer sexuell belästigt?

Kare: Der hod des gar ned mitkriagt. Der war hinten im Garten und hod ununterbrochen Raketen in d'Luft gschossn, der Kindskopf! Des hod gscheppert, Wahnsinn. Man hätt moana kinna, da Russ kimmt!

Sepp: Da Hans war ja scho immer so kindisch. A Hirn wia a Zwölfjähriger. Woaßtas no, am Faschingstreiben vom Schützenverein? Mir san alle als Cowboy kema, wia es sich ghört für einen Schützenbruder. Und er? Er kimmt als Marienkäfer!

Kare: A glatter Depp! Peinlich bis zum Gehtnichtmehr! Sei drumm Wampn in an roten Overall drin mit schwarze Punkterl drauf. Vo da Figur her war er eher a VW-Käfer und koa Marienkäfer!

Sepp: Brutal! Owa woaßt wos, Kare? I konn des voll versteh, dass du am Silvester nimmer aaf d'Strass auße willst, i konn des sooo guad versteh! Des is ja furchtbar, wenn des neie Johr dermaßen abstoßend ofangt. Wenn dich fremde Weiber hemmungslos mit Druckerei und Abschleckerei belästigen.

Kare: Da Höhepunkt des Ekels kimmt ja no!

Sepp: Ehrlich? Wirds no schlimmer?

Kare: Und ob! Du kennst doch den Dr. Krczynsczky?

Sepp: Der wo letzts Johr des Haus von da alten Ritzlerin kafft hod? Der pensionierte Doktor? Der wo des Wei hod, de wo locker um 30 Johr jünger is wia er? Mein lieber Schieber, de is ein heißes Gerät! Und zu schade für den alten Krauterer, deutlich zu schade! De waar für unseroan deutlich besser geeignet als für den, der wo eh fast bloß aus Konsonanten besteht.

Kare: Genau. Und de zwoa, de warn aa heraußen. Mei, als neie Nachbarn wolltens halt Kontaktpflege betreiben.

Sepp: Verständlich! Da Silvester is do a guade Gelegenheit.

Kare: Ja, und dann sans herkema zu mir und i hob mir denkt: „Jawoll, etza wirds besser! Wenn de mi etza druckt, dann hau ihr i an feichtn Schmatzerer ins Ohr! Und

	dann san de greislichen Zwischenfälle mit da Winslerin und mit da Wenzlerin wenigstens a bissl relativiert!"
Sepp:	Du alter Genießer du! Und?
Kare:	Dann hod er mi druckt und hod mir an feichtn Schmatzerer ins Gsicht ghaut. Und hod gsagt: „Ich bin der Gottfried! Auf gute Nachbarschaft!"
Sepp:	Ja pfui Deifl! Und sei attraktive Gattin?
Kare:	De is zu da Winslerin ume.
Sepp:	Also recht viel schlechter konn a neis Johr ned ofanga.
Kare:	Owa ehrlich! Prost, Sepp! A guads Neis!
Sepp:	Prostata, Kare! Owa drucka dua i di etza fei ned!
Kare:	Depp!

Es ist eine statistisch nachgewiesene Tatsache, dass die Tage rund um Weihnachten größere Gefahr für familiäre Streitigkeiten bergen als andere Tage. Warum? Ich bin kein Psychologe, aber vermutlich liegt es daran, dass uns sowohl die sozialen als auch die asozialen Medien vorgaukeln, dass an Weihnachten alle Ehepartner charmant, großzügig, gutaussehend, wohlriechend und topgestylt sind, tolerant und verständnisvoll sowieso. Und dann stellt sich die traurige Wahrheit heraus: Er oder sie ist trotz Christbaum derselbe fehlerbehaftete Mensch, der er das ganze Jahr über ist. Diese bittere Erkenntnis führt zwangsläufig zu Enttäuschung und diese wiederum zu Streit. Zwangsläufig? Nein, zwangsläufig nicht! Wenn man klug ist und nicht auf das mediale Süßholzgeraspel und Gesäusel hereinfällt, dann lässt sich Streit vermeiden. So wie in der folgenden Geschichte, in der eine kluge, fast schon weise Gattin konsequent gütig und nachsichtig auf die kommunikative Unzulänglichkeit ihres Ehemannes reagiert. Denn ihr ist vollkommen bewusst: Auch an Weihnachten ist er

Der gleiche Depp wie immer

Sie: *Sitzt am Tisch und hat eine Illustrierte vor sich, in der sie interessiert liest.* Do steht, an Weihnachten gibts de meisten Familienstreitigkeiten!

Er: *Sitzt auf der Couch, liest die Tageszeitung und reagiert nicht auf die Anmerkung der Gattin.*

Sie: Hans!

Er: –

Sie: Haaans!!

Er: *Murmelnd, ohne von der Zeitung hochzublicken:* Wosn lous?

Sie: Host du mir zuaghört?

Er: –

Sie: Hans!!!

Er: Ha?

Sie: Ob du mir zuaghört host?

Er:	*Weiter Zeitung lesend:* Jaja.
Sie:	Wos hob i denn gsagt?
Er:	–
Sie:	Hans! Wos hob i gsagt?
Er:	Gsagt? Wann?
Sie:	Grad jetza!
Er:	Host du wos gsagt?
Sie:	Ja, i hob wos gsagt.
Er:	Wos nacha?
Sie:	Du host mir also wieder überhaupt ned zuaghört! Wie immer!
Er:	*Geistesabwesend, da in die Zeitung vertieft:* Do host du recht!
Sie:	*Kopfschüttelnd:* Es is wirklich a Wahnsinn, wia a Mensch so konsequent weghörn konn! Des muassma direkt bewundern!
Er:	*Murmelnd und weiterlesend:* Genau, ein Wahnsinn!
Sie:	Dass es an Weihnachten die meisten Familienstreitigkeiten gibt, hob i gsagt!
Er:	–
Sie:	Unglaublich! Du bist unglaublich!
Er:	*Nach wie vor in seiner eigenen Gedankenwelt:* Ja mei.
Sie:	Du sagst allaweil bloß „ja mei"!
Er:	Genau!
Sie:	Die Hauptursache für die familiären Streitigkeiten ist mangelnde Aufmerksamkeit. Und zwar meist des männlichen Partners!
Er:	–
Sie:	Und du bist der lebendige Beweis! Do muasst mir doch recht geben, oder?
Er:	–
Sie:	Gibst du mir do recht?
Er:	*Seufzt.* Da Murzerer Erwin! Akkrat da Erwin!
Sie:	Wos???
Er:	Host du des ned glesn vom Murzerer Erwin?
Sie:	Naa. Wos is denn mitm Murzerer Erwin?

Er:	Ja sag amal, wos lest du denn in der Zeitung? De wichtigen Sachen lest du ned! Verstorben is er, da Murzerer Erwin, tödlich! Host du des ned glesn?
Sie:	Wia hätt i denn des lesen sollen? I hob ja de heutige Zeitung no gar ned ghabt!
Er:	Des is des! Weil du bloß allaweil de Kaasblattln lest! Und etza woaßt ned amal, dass da Murzerer Erwin gstorm is! Weil du di einfach für andere Leit ned interessierst!
Sie:	Des sagt der Richtige! Wer is denn des überhaupt, da Murzerer Erwin?
Er:	Da Murzerer Erwin? Den kennst du ned? Den muaßt du doch kenna! Da Murzerer Erwin, der hod doch vom Brozler den ganzen Grund kafft! Weil da Brozler, der hod sich doch mit Aktien total verspekuliert und hod dringend a Geld braucht! Der Depp hod nämlich Aktien aaf Kredit kafft! So bläd muassma zerst amal sei! Owa de Brozler hamm alle koa Hirn! Außer dem Brozler Sepp, der ist Hausmoasta am Landratsamt, der hod den sozialen Aufstieg gschafft! Owa vo dem sagtma ja, dass do ned da alte Brozler da Voda is. Do war angeblich da Wurm drin in der Ehe! Da Wurm Schorsch nämlich, der hod de Brozlerin öfter bsuacht! Und wias halt aso hergeht, wenn da eigene Mo a Depp is und da Wurm a Charmeur. De alte Gschicht! Des wurmt den Brozler heit no.
Sie:	I kenn den Murzerer ned und den Brozler aa ned. Keine Ahnung, vo wem du redst.
Er:	Ha, dass du etza de Leit allaweil ned kennst! Des is da Wahnsinn, wia viel Leit du ned kennst! Wenn du öfter ins Wirtshaus geh daaderst wia i, dann daadst du d'Leit viel eher kenna! Owa du hockst ja immer dahoam!
Sie:	Omei, Hans! Du bist dei Geld wert!
Er:	Mi wundert bloß oans …
Sie:	Wos denn?
Er:	Dass beim Murzerer Erwin durt steht: „In tiefster Trauer – Edeltraud, liebende Gattin". Also des wundert mi fei scho ziemlich.

Sie:	Wieso? Des is doch normal, dass die Ehefrau in tiefer Trauer is, wenn da Mo stirbt. I waar bei dir aa in Trauer. Vielleicht ned in tiefster, owa in tiefer scho.
Er:	Bei mir waars ja ok, owa dem Munzerer Erwin sei Frau hoaßt keinesfalls Edeltraud, weil der is ledig.
Sie:	Wos? Des konn doch gar ned sei! Man konn doch bei einem Junggesellen koa Ehefrau hischreim, wenn er stirbt!
Er:	Ja eben! Des is ja des Komische. Und woaßt, wos no komisch is?
Sie:	Wos nacha?
Er:	Da Munzinger Erwin hod eigentlich Munzheimer ghoaßn. Do is ja de komplette Todesanzeige falsch! Und soweit i woaß, hod er Erich ghoaßn, ned Erwin! Do stimmt ja hint und vorn nix! Wer woaß, is er überhaupt gstorm!
Sie:	Ja sog amal, wos redst denn du für an Schmarrn daher! Des is ja wer ganz wer anderer, der gstorm is! Den kennst ja du gar ned!
Er:	Des konn natürlich aa sei. Schee langsam glaub i des aa. Gott sei Dank eigentlich, weil um den Munzinger Erwin waars echt schad gwen! War a feiner Mann, da Erwin, bzw. is a feiner Mann, falls er no lebt! Hoffma des Beste! Waar schad um eam. Tja mei … *Vertieft sich wieder in die Zeitung.*
Sie:	Und oft entsteht ein Streit, weil Männer bei Diskussionen gerne vom Thema ablenken! Des steht do!
Er:	–
Sie:	Des is genau des, wos du allaweil machst!
Er:	–
Sie:	Hans!
Er:	Wosn lous?
Sie:	Des is des, wos du allaweil machst!
Er:	Wos nacha?
Sie:	Ablenken! Des mitm Munzinger Erwin, dass der gstorm is!

Er:	Owa er is ja ned gstorm, des is doch jetza geklärt! Dass du mir nie zuahörst!
Sie:	Er is scho gstorm!
Er:	Ja scho, owa des war ja ned so schlimm, weil i hob eam ja ned kennt! I kenn den Munzheimer Erich und der lebt Gott sei Dank no! Hör mir halt gscheit zua, du hörst mir nie gscheit zua! *Widmet sich wieder der Zeitungslektüre.*
Sie:	*Kopfschüttelnd:* Also du bist wirklich dei Geld wert! Sowos wia di, des muassma suacha!
Er:	*Geistesabwesend, weil lesend:* Ja genau.
Sie:	Waarst du eigentlich aa in tiefster Trauer?
Er:	–
Sie:	*Frustriert:* Wahrscheinlich ned. Du ned!
Er:	–
Sie:	Hans!
Er:	Wos is denn scho wieder?
Sie:	Ob du aa in tiefster Trauer waarst?
Er:	Eh klar! *Liest weiter in der Zeitung.* Da Einzelhandel is natürlich wieder nicht zufrieden!
Sie:	Wie bitte?
Er:	Da Einzelhandel is mit dem Weihnachtsgeschäft ned zufrieden. De san nie zufrieden, i nimm des gar nimmer ernst, de Jammerei! De könnten sich aa amal gfrein, owa des konnst vergessen! Alle Jahre zwider, des is die Devise vo denen! „Wir schauen alle zwider – der Umsatz war zu nieder!" Jedes Jahr de gleiche Jammerei!
Sie:	Lenk ned scho wieder ab!
Er:	–
Sie:	Hans!!
Er:	Ha?
Sie:	Du sollst ned scho wieder ablenka!
Er:	*Geistesabwesend:* Genau! Do host du recht!
Sie:	Hans!!! Etza hör mir bitte amal zua!
Er:	Dua i doch!
Sie:	Dann beantworte meine Frage!

Er: Wos für a Frage?
Sie: Ob du aa in tiefer Trauer waarst, wenn i sterm daad!
Er: Eh klar!
Sie: Und warum?
Er: *Immer noch in die Zeitung blickend:* Wos warum?
Sie: Warum du in tiefer Trauer waarst, wenn i sterm daad?
Er: Omei, do gibts dermaßen viele Gründe, dass mir momentan koa einzelner eifallt! Du, apropos: Im Supermarkt is da Weihnachtsbock im Angebot! Do hol i uns an Kasten!
Sie: Uns? Du woaßt ganz genau, dass i koa Bier ned trink!
Er: Do konn owa i nix dafür!
Sie: Etza lenk ned scho wieder ab!
Er: *Liest erneut aufmerksam in seiner Zeitung.*
Sie: *Kopfschüttelnd:* Es is ein Wahnsinn mit dem Menschen!
Er: *Plötzlich laut und betroffen:* Woaßt, wos do steht? An Weihnachten gibts de meisten Familienstreitigkeiten! Host du des gwisst?
Sie: *Zynisch:* Naa, des hob i no nie ghört!
Er: Weilst allaweil bloß so Kaasblattln lest und koa Zeitung! Drum woaßt du nix!
Sie: Also du bist echt dei Geld wert!
Er: –
Sie: Hans!
Er: Ja, wos is denn?
Sie: Du bist echt dei Geld wert!
Er: Mindestens!

Das verlegte Geschenk

Sepp: Kare, warum schaust denn so geknickt?
Kare: Wos sagst?
Sepp: Warum dass du so geknickt schaust! Direkt zwider!
Kare: Warum dass i aso schau?
Sepp: Genau!
Kare: Weil d'Hildegard grantig is aaf mi!
Sepp: Grantig? An Weihnachten? Zwoa Dog nach dem Heiligen Abend?
Kare: Wos?
Sepp: An Weihnachten is de grantig aaf di? Des is owa ned schee vo ihr! Aaf Weihnachten, do isma doch gutgelaunt und nett!
Kare: Wos sagst?
Sepp: Nett isma doch normal an Weihnachten, ned grantig!
Kare: An Weihnachten?
Sepp: Genau! Wieso is denn dann grantig?
Kare: Wie bitte?
Sepp: Wieso dass sie grantig is!?
Kare: Grantig?
Sepp: Wieso is denn d'Hildegard grantig?
Kare: D'Hildegard? Jawohl, de is grantig aaf mi!
Sepp: Wieso denn?
Kare: Wieso denn? Es is wegen mein Weihnachtsgschenk, weil i des verlegt hob und i finds nimmer!
Sepp: Des Weihnachtsgschenk für d'Hildegard?
Kare: Wos?
Sepp: Des Weihnachtsgschenk für d'Hildegard findst nimmer?
Kare: Naa, des Weihnachtsgschenk, des wo sie mir gschenkt hod am Heiligen Abend, des find i nimmer!
Sepp: Achsooo, des findst nimmer! Wos hod sie denn dir gschenkt?
Kare: Ha?
Sepp: Wos hod dir denn d'Hildegard gschenkt?
Kare: A Hörgerät!

Kindermund

Lehrer: Na, liebe Kinder, freut ihr euch schon auf Weihnachten?

Begeisterte Ja-Rufe im Klassenzimmer.

Lehrer: Bei wem steht schon ein Christbaum zuhause?

Deutlich verhaltenere Reaktion der Klasse 1b – nur ein Schüler meldet sich.

Lehrer: Luis, bei euch steht schon ein Christbaum im Wohnzimmer?

Luis: Nein, im Garten! Der steht eigentlich immer dort, auch an Ostern. Eigentlich ist es bloß ein Baum, ohne Christ.

Lehrer: Schön, aber das meinte ich nicht. Ich meinte den richtigen Christbaum, den mit Kugeln und Kerzen, der im Wohnzimmer steht. Steht der schon bei irgendwem?

Erneutes Schweigen, die kleine Jenny meldet sich.

Lehrer: Ja, Jenny?

Jenny: Der wird doch immer erst am Heiligen Abend am Nachmittag aufgestellt! Und Mama macht dann die Kugeln dran und die Kerzen! Ich darf immer helfen, das ist schön und die Kugeln glänzen! Aber sie sind sehr schnell hin, wenn sie hinunterfallen. Letztes Jahr waren drei hin – bei zwei war ich schuld und bei einer Kleopatra.

Lehrer: Kleopatra?

Jenny: Ja! Das ist nämlich unsere Katze.

Lehrer: Achso! Ein schöner Name! Ja, so ein schön geschmückter Christbaum ist was Tolles! Wie kommt denn der Baum ins Wohnzimmer? Weiß das jemand?

Jenny: Der Papa holt ihn aus der Garage!

Lehrer: Wächst er da?

Jenny: Nein, wachsen tut er auf dem Aldi-Parkplatz.

Lehrer: Aha! Und dann stellt ihn der Papa einfach ins Wohnzimmer?

Jenny: Ja.
Lehrer: Hält der Baum, wenn man ihn einfach so hinstellt? Fällt der nicht um?
Jenny: *Lacht.* Nein, den stellt doch der Papa nicht einfach so hin! Da stellt er zuerst etwas anderes auf den Boden, so etwas Grünes aus Eisen, dann steckt er den Baum da rein und dann hält der!
Lehrer: Genau! Da stellt der Papa zuerst etwas auf den Boden! Wie heißt das denn, was der Papa auf den Boden stellt und wo dann der Christbaum reinkommt?

Keiner in der 1b tut dem Lehrer den Gefallen und kennt das Wort „Christbaumständer".

Lehrer: Weiß das wirklich keiner? Habt ihr noch nie gehört, wie der Papa das Ding nennt, wenn er den Christbaum aufbaut?

Plötzlich meldet sich der kleine Max ganz begeistert.

Lehrer: Aaaahhh, der Max weiß es! Max, wie sagt der Papa dazu?
Max: Scheiß Glump verreckts!

Winterliche Verfolgung

Kare: Gestern hob i Fernseh gschaut. Brutal! Do hamm mehrere Männer oan im Wald verfolgt, owa erwischt hammsna ned! Weil der is grennt wia d'Sau! Des war echt brutal, de warn alle bewaffnet! Mit drümmer Gewehre!
Sepp: Oläck! War des a Krimi?
Kare: Naa, Biathlon!

Trotz modernster Kommunikationsmöglichkeiten, mit deren Hilfe sich auch der/die Dümmste dank Sprachnachricht ohne Rechtschreibfehler mitteilen kann, gibt es sie noch: die Intellektuellen, die sich in geschriebenen Worten (in Worten: Worten) ausdrücken. In echten Worten, auf echtem Papier!! Mit einem Stift in der Hand!!! Unglaublich, aber wahr! Während geistig Anspruchslose nur ein kommentarloses siebensekündiges Video aus dem Urlaub schicken, das verwackelt zeigt, wie sie gerade den vierten Liter Sangria, garniert mit Pizza Funghi, erbrechen oder wie sie mit dem Lift im Jogginganzug, an den strumpflosen Füßen Sandalen und auf dem Kopf ein quer aufgesetztes Käppi mit der Aufschrift „Dr. Cool" einen über 3000 Meter hohen schneebedeckten Berg hinauffahren, strengen andere ihr Gehirn an und schreiben Ansichtskarten!

Der Erwin ist so einer! Natürlich besitzt er als moderner Mensch sowohl ein Handy als auch einen Laptop, aber er vertritt folgende radikale Meinung: Ein echter Urlaubsgruß MUSS auf eine Ansichtskarte geschrieben und darf nicht online fabriziert werden! Mögen ihn noch so viele deswegen als altmodisch und medial vorgestrig verhöhnen – es ist dem Erwin wurscht!

Dieses Jahr ist er, wie immer, dem Wunsch seiner Gattin Erna nachgekommen und hat sie den Wanderurlaub buchen lassen, den sie sich gewünscht hat. Es ist ein wunderschöner Ort in der kostenintensiven Schweiz, den sie gewählt hat, aber der Ortsname ist, wie wir gleich lesen werden, ein Problem. Denn leider:

Auf Klosters reimt sich nix

Erna: Wieso schüttelst du denn dauernd dein Kopf?
Erwin: Weil mir ums Verrecka nix eifallt! I werd no wahnsinnig!
Erna: Wia, nix eifallt? Wos duast denn überhaupt?
Erwin: Ansichtskarten schreib i. I hob mir denkt, bevor der Nebel ned weg is, brauchma ned zum Wandern aufbrecha

	und i konn de Zeit nutzen und meine Ansichtskarten schreim.
Erna:	Des is a guade Idee! Dann richt i derweil de Wandersachen her und du schreibst Ansichtskarten. Schreibst wieder wos, wos sich reimt, gell! Weil do hamm da Opa und d'Oma und da Rudi und d'Helga und da Kare und d'Hildegard allaweil mords a Freid! De reden dann immer über deine scheena Urlaubsgrußgedichte! I bin fei do direkt stolz aaf di, weil du aso dichten kannst!
Erwin:	Scho klar, owa des is im Moment genau des Problem! I brauch nämlich an Opener!
Erna:	Wos brauchst?
Erwin:	An Opener! An Anfangsreim! An Einstieg!
Erna:	Dann mach halt oan!
Erwin:	Des is extrem schwierig mit Tendenz zu unmöglich! Du host nämlich den falschen Urlaubsort ausgsuacht!
Erna:	Spinnst etza? Wos hod denn des mit dem Urlaubsort zum dua?
Erwin:	Weil i als Opener immer den Urlaubsort einbaue! Is dir des no nie aufgfalln?
Erna:	No nie!
Erwin:	Weil du allaweil meine Gedichte ned aufmerksam lest! Wia mir in Zell am See warn, do hob i zum Beispiel aso ogfangt: „Wir grüßen euch aus Zell am See – unt is warm und om liegt Schnee!"
Erna:	Ja super! Do konn i mi gar nimmer dran erinnern!
Erwin:	Des gibts doch ned! Des war doch erst vor zwoa Jahren! Mir warn in Kaprun und am Kitzsteinhorn, des muasst doch no wissen!
Erna:	Jaja, des woaß i scho no! Owa an dei Gedicht konn i mi nimmer erinnern!
Erwin:	Ewig schad, weil es war echt a scheens Gedicht, fast künstlerisch wertvoll.
Erna:	Ehrlich? Wia is denn dann weidaganga?
Erwin:	*Sinniert kurz und sagt dann voller Inbrunst sein Zell-am-See-Gedicht auf:* Also, i fang noml o: „Wir grüßen euch aus

	Zell am See – unt is warm und om liegt Schnee! Heut waren wir am Kitzsteinhorn – ich hab gschwitzt, Erna hat gfrorn! Morgen fahrma nach Kaprun – hoffentlich scheint dort die Sun. Denn wenn es dort verregnet ist – wirkt die Bergwelt total trist! Bei Sonne ist es deutlich schöner – zum Abendessen gab es Döner!"
Erna:	Super! Owa hamm mir in Zell am See echt an Döner gessn? Mir hamm doch in Zell am See koan Döner gessn!
Erwin:	Natürlich ned! Owa Zwiebelrostbraten is reimtechnisch extrem schwierig. Do passt einfach Döner besser!
Erna:	Du Schlawiner du! Owa dichten konnst echt guad!
Erwin:	Des mag scho sei, owa mit Klosters dua i mi furchtbar hart! I hob einfach den Ehrgeiz, dass i im Anfangsreim den Urlaubsort einbau, owa wos reimt sich denn auf Klosters? Nicht ein vernünftiges deitsches Wort reimt sich aaf Klosters! Hod etza des unbedingt Klosters sei miassn?
Erna:	Jamei! I konn doch bei der Urlaubsbuchung ned dro denka, dass sich unser Urlaubsort auf irgendwos reimt! Also des kannst ned vo mir verlangen! Kein Mensch denkt an sowos!
Erwin:	Hättst St. Moritz gnumma! Des is ned weit weg vo Klosters und des reimt sich aaf allerhand! Do hätt i zum Beispiel spontan folgenden Opener: „Wir grüßen euch aus St. Moritz – 10 Franken kosten die Pommfritz!"
Erna:	Stimmt, des waar koa schlechter Reim ned! Hm ...
Erwin:	Oder Davos! Davos waar aa kein Problem für mi! „Wir fuhren nach Davos – weil dahoam, do is nix los!" Bloß a Beispiel, auf die Schnelle! Zürich waar schwierig, owa Klosters is a Katastrophe! Do reimt sich nix!
Erna:	Hm ... mir fallt tatsächlich aa nix ei! Du, und wenn du des Klosters ned am Schluss von der Zeile schreibst, sondern in da Mitt'?
Erwin:	In da Mitt'? Wia in da Mitt'?

Erna:	Ja, so nach dem Motto: „In Klosters sind wir hier – bei einer Halbe Bier!"
Erwin:	Owa du trinkst ja a Weißweinschorle, koa Bier!
Erna:	Ja, scho klar. Owa aaf Schorle reimt sich ja aa nix!
Erwin:	Vielleicht in da Schweiz, owa zum Beispiel in Italien scho! „In der Strandbar in Caorle – trinkt die Erna eine Schorle! Der Erwin neigt eher zum Bier – inzwischen säuft er Nummer vier!"
Erna:	Wias dir no immer eifallt!
Erwin:	Gell! Owa trotzdem: Klosters, do reimt sich nix! Weil i will den Ort ned in da Mitt' von der Zeile haben, sondern am Schluss! Den Ehrgeiz hob i einfach!
Erna:	Jamei, wenns halt ned geht!
Erwin:	Des MUASS geh! Dann halt mit an Trick!
Erna:	Trick?
Erwin:	Jawoll! I fang jetzt eiskalt aso o: „Wir befinden uns in Klosters – das Hotel gehört den Osters. Vielleicht gehörts auch jemand andern – wir essen viel und gehen wandern!"
Erna:	Wahnsinn! Also, ein Hund bist fei scho! Aaf des waar i nie kema. Und es is ned amal gelogen, weil du schreibst ja „vielleicht".
Erwin:	Lügen daad i nie! Höchstens amal a Notlüge, wia de mit dem fiktiven Döner in Zell am See.
Erna:	I versprichs dir, dass i nächstes Jahr vorher frag, ob dir a Reim eifallt und dann erst buche!
Erwin:	Des waar ned schlecht! Host scho a Idee für naxts Jahr?
Erna:	Ja, da gibts a wunderschöne Insel in Kroatien, de daad mir gfalln!
Erwin:	Und wia hoaßt de?
Erna:	Krk!
Erwin:	*Grinsend:* Reiß di bloß zamm!

Geschenke für die Ewigkeit

Kare: Lauter Glump heitzutage!
Sepp: Genau! Wia moanst jetza des?
Kare: Weihnachtsgeschenkemäßig.
Sepp: Weihnachtsgeschenkemäßig?
Kare: Jawohl! Mei Neffe, da Quirin, der hod zu Weihnachten vo sein Voda a Auto kriagt mit Fernsteuerung.
Sepp: Wos für oans?
Kare: Orange is, mit schwarze Streifen, optisch ned schlecht, aber: Etz hamma den 12. Januar und des Drumm is scho hi! Keine drei Wochen alt und hi! Des Auto fohrt bloß no links ume, rechts is defekt! Lauter Glump wird bloß no produziert!
Sepp: Wundert di des? Mi wundert des ned! Alles kimmt aus China oder sunst woher! Mi daads ned wundern, wenn des an politischen Hintergrund hätt' mit dem links ume! Weil des san doch Kommunisten, Linke praktisch! Politische Ware und Massenware, keine Qualität mehr!
Kare: Des stimmt! I hob meiner Frau vor 30 Johr an Schnellkochtopf gschenkt zu Weihnachten, den hamma heit no! Des war halt no eine Wertarbeit damals! Made in Germany!
Sepp: Haargenau! Mei Mama hod hölzerne Kochlöffel, de san scho 60 Jahr alt und no einwandfrei! Handgeschnitzt im unteren Bayerischen Wald! Des is wos für die Ewigkeit!
Kare: Früher war alles dauerhafter! I hob als kloaner Bua vom Christkindl Rollschuhe kriagt. I wollts glei ausprobiern und bin im Hof draußen gfahrn, bei Glatteis! Dann hods mi gworfa und i bin mitm Hirn ans Saustalltürl drogrumpelt. De Narbe hob i heit no! Segstas, do, überm rechten Auge?
Sepp: *Betrachtet eingehend die Narbe des Freundes aus Kindertagen.* Schaut immer no guad aus!
Kare: De is aa wos für die Ewigkeit!
Sepp: So eine Narbenqualität gibts heit nimmer!

Schwieriger Christbaum

Händler: Grüß Gott, der Herr!
Kunde: Hallo! Äh ..., Sie haben ja eine große Auswahl an Christbäumen hier! Fast der halbe Parkplatz voller Christbäume!
Händler: Des möchte ich behaupten, jawoll! Mir san der größte Christbaumhandel im ganzen Landkreis! Brauchens oan? Mir hamm so viel, dassmas verkaffa! *Lacht.* Spaß muss sein, sogar an Weihnachten!
Kunde: Haha! Ja, meine Frau schickt mich.
Händler: Des erleb i oft, dass Männer gschickt wern von den Weib ... äh Gattinnen! I versprich Eahna: Wir finden wos Schönes für die Frau Gemahlin! Wir san international aufgestellt! Schauns her, diese Fichte da, de kimmt aus dem Böhmerwald! Tief drin im Böhmerwald, do is de quasi gewachsen!
Kunde: Eine Fichte? Nein, eine Fichte bitte nicht. Meine Frau sagt, die sticht!
Händler: Naja, schlimm stichts ned, owa ab und zu a Sticherl, des is möglich. Ok, dann daad ich sagen, dann schauma zu den Tannen hinüber!
Kunde: Genau, eine Tanne wäre sicher besser! Die sticht nicht, oder?
Händler: Praktisch ned. Schauns, de do, de waar etza aus dem Bayerischen Wald, regional also. De waar beim Schafkopf chancenlos!
Kunde: Wie bitte?
Händler: Die hätte beim Schafkopfspielen keine Chance.
Kunde: Äh ..., wieso?
Händler: Weil die macht keinen Stich! *Lacht über das seiner Meinung nach geniale spontane Wortspiel.* Die sticht nicht!
Kunde: Haha! Toll! Aber die hat nur drei Reihen!
Händler: Jawoll! Oane wia de andere, regelmäßiger gehts gar ned! Super Reihen san des! Solcherne Reihen segtma

	selten! In Reih und Glied, wiama sagt. Haha, Spaß muss sein!
Kunde:	Aber nur drei Reihen.
Händler:	Jawoll, drei!
Kunde:	Meine Frau will aber auf jeden Fall einen Baum mit vier Reihen!
Händler:	Ja, dann san drei zweng! Weil vier is mehr.
Kunde:	Genau! Haben Sie schon auch Tannen mit vier Reihen da?
Händler:	Ja selbstverständlich! Da schauns her, da hamma glei oane mit vier Reihen. De is aus Österreich!
Kunde:	Österreich? Woher genau?
Händler:	Richtung Tirol, des genaue Dorf woaß i ned! Aaf jeden Fall alpin. Und mit vier Reihen! Stecharm sowieso.
Kunde:	*Schnuppert am Baum.* Die riecht aber sehr intensiv nach Baum!
Händler:	Des stimmt! Sie san scheinbar a Fachmann, weil a Laie schmeckt des gar ned! Des is a Sorte, de is recht harzintensiv, des schmeckt man! Do hamm sie vollkommen recht! Des is selten, dass sich a Kunde so guad auskennt vom Harz her, alle Achtung! Mir sagen ja zum Harz BBB, des hoaßt Bickerts Baam-Bech. Haha, Spaß muss sein! Zu Pech sagen mir Bech, vom Dialekt her.
Kunde:	Haha, süß! Aber das ist ein Problem, denn meine Schwiegermutter, die uns an Weihnachten besucht, hat eine schlimme Allergie gegen Harz!
Händler:	*Lacht.* Umso besser, dann hauts bald wieder ab, des Gfries!
Kunde:	*Empört:* Ich darf doch sehr bitten! Ich habe ein sehr gutes Einvernehmen mit meiner Schwiegermutter! Ich freue mich jedes Mal, wenn sie uns besucht!
Händler:	*Verlegen-beschämt:* Omei, Entschuldigung! Es war scherzhaft gmoant, nix für unguad! Empfehlung an

	die liebe Schwiegermutter! Was täten wir ohne Schwiegermutter! Verratzt waarn mir!
Kunde:	*Wieder versöhnlich:* Ja, danke, ich werde es ausrichten! Aber wie gesagt, wenn dieser Baum so intensiv harzt, dann ist er ungeeignet! Haben Sie Tannen mit weniger Ausdünstung?
Händler:	No freilich! Wir hamm eine Riesenauswahl, regional und global. Schauns her, de do, de is aus Schweden. De duftet kaum und hod vier Reihen! Daad de eventuell passen?
Kunde:	*Mustert die Schwedentanne und riecht daran.* Also, der Duft bzw. der Nicht-Duft wäre schon mal ok. Und die Reihen sehen auch gut aus. Könnten Sie den Baum mal kurz gerade hinstellen.
Händler:	Selbstverständlich, der Herr!

Der Händler stellt den Baum auf, dabei fallen spontan etliche Nadeln ab.

Kunde:	*Erschrocken:* Der nadelt ja!
Händler:	I hobs aa gseng! Owa bloß geringfügig!
Kunde:	Ja, aber wenn der schon jetzt, hier an der frischen Luft, nadelt – was glauben Sie, wie schlimm das dann im warmen Wohnzimmer wird! Also den nehme ich nicht! Nadeln ist ein No-Go!
Händler:	Sie hamm recht, Herr, Sie hamm vollkommen recht! Also aus Schweden, de bestell i nimmer! Und den reklamiere! So gehts ned! Mir is der glei spanisch vorkema, obwohl er aus Schweden is! Weil er preislich zu günstig war! Man woaß doch, dass in Skandinavien alles so deier is! Drum hob i mir scho denkt: „Bou, ob der ned nadelt!" Und siehe da, Tatsach'!
Kunde:	Haben Sie noch eine andere Tanne im Angebot?
Händler:	Selbstverständlich! Do schauns her, de waar aus Polen – preislich sehr günstig, farblich grün, wie es sich gehört. Und vier Reihen! Also de hätt' etza alle Merk-

	male, die Sie bevorzugen. Schmecka duats aa nach nix, oder? Also i schmeck nix. Schmecka Sie wos?
Kunde:	*Schnuppert an der polnischen Tanne.* Nö, ich auch nicht! Die wäre also dann nur geringharzend, vierreihig und nichtstechend?
Händler:	Haargenau! Wia gemacht für Sie und Eahna Gattin! Und für d'Schwiegermutter natürlich!
Kunde:	Aber wissen Sie was? Die ist zu groß! Die passt nicht in unser Wohnzimmer!
Händler:	*Mustert die Tanne und kratzt sich am Hinterkopf.* Hm, groß is de scho, gscheit groß! Mit drei Reihen waars ned so groß, owa halt aa nimmer vierreihig. Des is a Dilemma! Hm ...
Kunde:	Schwierig, oder?
Händler:	Verdammt schwierig! Do konn i Eahna bloß no oa Lösung anbieten: Gehens eine in den Supermarkt, die hamm aa Christbaama. Und de hamm genau den, den Sie suachan, do bin i mir sicher!
Kunde:	Ehrlich? Ist der dann aus Bayern, aus Österreich, aus Schweden oder aus Polen?
Händler:	Aus Plastik!

Weihnachtspessimisten

Sepp: Mensch Kare, wia die Zeit vergeht, ha?

Kare: Im Galopp! Bis dassma schaut, is übermorgen vorgestern! Und IN vier Wochen is plötzlich VOR vier Wochen!

Sepp: *Kurzzeitig verwirrt:* Wos??? Achso, ja, genau! I woaß's no, wiama dogsessn san und wia mir gsagt hamm, dass grad erst des neie Johr ogfangt hod und dass plötzlich scho wieder Ostern is, von heit auf morgen! Woaßtas no?

Kare: No freilich! Genau do samma gsessn, wo mir etza aa sitzen!

Sepp: Weil mir do immer sitzen!

Kare: Genau! War ja erst vor Kurzem!

Sepp: Von wegen vor Kurzem! Nächste Woch is Weihnachten! Und wo mir dogsessn san, des war an Ostern!

Kare: Do hast aa wieder recht! Erschreckend!

Sepp: Es is ein Wahnsinn! Die Zeit is wos dermaßen Vergängliches, des is nicht zum glauben! I woaß des no haargenau, wia i als Bua Molche gfangt hob, i gspürs no direkt in da rechten Hand, wia feicht und glitschig de warn, als waars gestern gwen, und etza: Etza bin i a Rentner! Und mei Enkel is bereits älter als i als Bua war! Vo mir will i gar nix sagen, i bin scho direkt alt, ned bloß älter!

Kare: Und Molche fangst aa nimmer!

Sepp: Weils koane mehr gibt! Wenns no welche geben daadert, daadert i vielleicht scho no ab und zu oan fanga, an älteren langsamen zumindest, owa es gibt ja koane mehr! Und wos des Tragische is: Etza konn mei Enkel keine Molche fanga! Er duat mir direkt leid, da Thore. Eine verpfuschte Kindheit, ohne Molche! Und dann aa no der Vornam'! Etza verarschens den armen Buam aa no im Fußballverein! Weil er is Stürmer in da D-Jugend und hod no kein Tor gschossn. Etza lachens und sagen zu eam: Warum schiaßt denn keine Tore, wennst scho

	aso hoaßt? Verstehst? Thore-Tore, des is a grausames Wortspiel! Kinder können so brutal sein!
Kare:	Dramatisch! Wo werdens denn sei, de ganzen Molche?
Sepp:	Vermutlich ausdürrt! De Trockenheit, de extreme!
Kare:	Auf da andern Seitn hamma dann wieder Starkregen!
Sepp:	Do ersaufens dann! Entweder ausdürrn oder ersaufen, des san die zwoa Alternativen, die ein Molch heutzutage hod! I möchte koa Molch ned sei! Brutal! Des is des Klima, do hamms politisch versagt!
Kare:	De Molche?
Sepp:	Depp! De Politiker natürlich!
Kare:	Obwohl manche sagen, des Klima, des hods scho immer geben! Scho vor Urzeiten war scho a Klima, des is wissenschaftlich erwiesen!
Sepp:	Des is doch a Schmarrn! Wia wollns denn des wissen? Do war no keine Menschheit vorhanden, wia wollns denn dann wissen, ob a Klima war? Hod ja koaner gseng!
Kare:	Do host aa wieder recht! De behaupten einfach, dass do a Klima war, und kein Mensch konns beweisen!
Sepp:	Wobei mir des eh wurscht is, weil ändern konns kein Mensch, die Urzeit! Vorbei is vorbei! Obwohl: I hob am Fernseh gseng, dass so Forschende …
Kare:	Dass wer?
Sepp:	Forschende! Weil Forscher derf man ja nimmer sagen wegen de Forscherinnen!
Kare:	Achso! Ja, genau! Des is genau so wia beim Architekt, weil do gibts aa Architektinnen! Owa do hamms des „innen" vorn higstellt.
Sepp:	Wia vorn?
Kare:	Ja, weil des hoaßt etza „Innenarchitekt"!
Sepp:	*Kurz verwirrt, dann erleuchtet:* Depp! Du immer mit deine blädn Gags!
Kare:	Mei, die Zeiten san brutal, do schadet ein Gag nie nicht!

Sepp: Do hast aa wieder recht! Omei Kare, du bist mir scho oaner! Und? Sunst alls klar? Scho an Weihnachtsstress dahoam?

Kare: Ja natürlich! Waschen, putzen, kochen, backen, braten, schmücken, die totale Hektik! Des is scho ein anstrengendes Fest, des Weihnachten!

Sepp: Für dei Frau!

Kare: Ja natürlich! I bin Frührentner, i derf mi körperlich nimmer so anstrenga. I hob mehr den psychischen Stress!

Sepp: Du? Psychischen Stress?

Kare: Volle Pulle! I muass mir a Ausrede überlegen, dass i ned dahoam sei konn, wenn d'Tante Gertraud kimmt. Weil i halt den Krampf ned aus, den de daherred!

Sepp: Krampf? Wos für an Krampf?

Kare: De red nur über Krankheiten, ausschließlich! Krankheiten, die wo sie scho ghabt hod, Krankheiten, die wo sie aktuell hod und Krankheiten, die wo sie in Zukunft befürchtet! Es is ein Wahnsinn! De is ihrer eigenen Meinung nach scho krank aaf d'Welt kema.

Sepp: Um Gottes willen! Sowos macht de ganze Stimmung kaputt!

Kare: Des konnst laut sagen! Und wenns mit ihre Krankheiten durch is, dann erzählts, dass ihra hässlicher Hund Verdauungsprobleme hod! Und der Köter hockt daneben und koppt zum Grausen. Is ja koa Wunder! De gibt dem Viech alles zum Fressen, wos sie aa isst! Plätzln, Schwarzwälder Kirsch, Knoblauch, alles!

Sepp: Do hätt i aa Verdauungsprobleme!

Kare: Ja eben! Und drum seil i mi ab, wenn de kimmt am zwoatn Weihnachtsfeiertag mit ihrem Bobo.

Sepp: Bobo hoaßt er?

Kare: Ja, Bobo. Koppo waar treffender, weil er dauernd koppt!

Sepp: *Lacht.* Genau! Und wia haut des dann hi mit dem Abseilen?

Kare: I sog einfach, i brauch a frische Luft, weil mir ned guad is aufgrund vo dem üppigen Weihnachtsessen. Und

	dann geh i auße und kimm zwoa Stund nimmer. Weil nach zwoa Stund hauts wieder ab mit ihrem Bobo.
Sepp:	Koa schlechte Idee, Kompliment! Und wos duast dann zwoa Stund lang?
Kare:	Spazierngeh! Früher war ja a Spaziergang am zwoatn Weihnachtsfeierdog a Traum: Bist durch den frischen Schnee gstapft und host de gsunde kalte Winterluft eigschnauft! Owa heit? Des san ja koane Winter mehr! Meistens rengts an Weihnachten, es hod umara 10 Grad plus und da Wind geht! Da magst ja eigentlich gar nimmer außegeh, es sei denn, d'Tante Gertraud hockt im Wohnzimmer, dann is dir's Weda wurscht!
Sepp:	Genau! Obwohl des fei scho frustrierend is mit dem Weda. Du konnst di ja aaf nix mehr verlassen, rein meteorologisch. Früher wars aso: Im Frühling hods grengt, im Sommer wars warm und trocken, im Hirgst is da Wind ganga und im Winter hods gschneibt. Und etza? Etza rengts durch vo Neijohr bis Silvester! Furchtbar!
Kare:	Zum Kotzen is des! I konn mi no guad erinnern: Mei erster Käfer war a Auto ...
Sepp:	Dei erstes Auto war a Käfer!
Kare:	Oder so. Aaf jeden Fall bin i als 19-jähriger Bursch mit mein Käfer am Silvester nach Hinterbuckelhausen zum Dorfwirt gfahrn, weil do war a Silvesterfeier.
Sepp:	Hinterbuckelhausen? Wos duast denn du als 19-jähriger in dem Kaff? Do is ja da Hund verreckt, damals wia heit!
Kare:	Grundsätzlich host recht, owa damals war a Silvesterfeier, organisiert vom Soldaten- und Kriegerverein. Und i hob im Vorfeld ghört, dass die Zullinger Vroni aa bei dera Feier is.
Sepp:	Zullinger Vroni?
Kare:	De kennst du ned, de is nach da Schul glei wegzogen ins Ausland, Kassel glaub i. De hod mir damals recht gfalln. Und drum bin i higfahrn mit mein Käfer, weil i mir denkt hob, dass vielleicht wos geht. Vielleicht trinkts a Goaßmass oder zwoa und dann wirds lockerer.

Sepp:	*Grinst:* Saubär du!
Kare:	Jamei! Als 19-jähriger hormonschwangerer Käferfahrer muasst schaun, wo du bleibst, rein vo da Erotik her! Is owa nix ganga mit da Vroni.
Sepp:	Hods nix trunka?
Kare:	Im Gegentum, zu viel! De hod um halbe zehne scho gspiem, dann hammses hoam!
Sepp:	Du armes Schwein!
Kare:	Brauchst koa Mitleid haben. I hobs vor vier Wochen zufällig bei einer Feier gseng und hob mir denkt: Bloß guad, dass des mit uns nix worden is! De schaut aus, dass du sagst: Wir danken! Da is mei Renate a Leckerli dagegen!
Sepp:	Host a Glück ghabt!
Kare:	Im Nachhinein auf jeden Fall.
Sepp:	Ja, und wos hod etza de Story mitm Klima zum dua?
Kare:	Mitm Klima? *Grübelt.* Achso, ja, mitm Klima! Ja, es war aso: Wia i dann hoamgfahrn bin mit mein Käfer, hods dermaßen gschneibt, dass i volle Kanne in den Graben einegrutscht bin. Weil Winterreifen hob i mir ned leisten kinna damals und de Sommerreifen warn glatt für d'Katz!
Sepp:	„Glatt" is in dem Zusammenhang genau des richtige Wort! *Lacht.*
Kare:	Do host du recht. Arschglatt is gwen! Mindestens 10 Zentimeter Neischnee, i hob koa Chance ghabt und vier Weizen! I hob den Kübel stehlassen und bin z'Fuaß hoam!
Sepp:	In dera Kältn?
Kare:	Warn bloß no 500 Meter!
Sepp:	Dann gehts! Des warn halt no Winter! Heitzudogs host ja keine Chance mehr, dass du in den Graben einefahrst, weil koa Schnee nimmer liegt!
Kare:	Genau! Vielleicht bei Aquaplaning, wennst Glück hast. Owa des is bei uns aa selten, weil de meisten Straßen bergab hängen. Oder bergauf, je nachdem wia du fahrst!

Sepp: Es is a Kreiz! Etza kannt i mir Winterreifen locker leisten, owa etza hamma koan Winter mehr!
Kare: Das Leben an sich is nicht gerecht!
Sepp: Du sagst es! Und dann vergeht aa die Zeit no viel zu schnell!
Kare: Erschütternd! Grad de schönsten Momente, de wo ewig dauern sollten, de san unheimlich flüchtig! Zack und vorbei is die Pracht!
Sepp: Wia moanst etza des? Sexuell oder wos?
Kare: Depp! Natürlich ned! I moan die WAHREN Glücksmomente! Letzte Woch zum Beispiel hob i beim Schafkopf an Herzsolo-Tout ghabt mit sechs laufende Ober, „running farmers" sagen mir immer scherzhaft! Des san Dinge, die erlebst du im ganzen Leben entweder gar ned oder vielleicht einmal! Du, des hod koane zehn Sekunden dauert, inklusive 8 Euro und achtzig Cent pro Mann kassiern, dann wars vorbei! So ein Glücksmoment, der sollte Stunden dauern!
Sepp: Do hast du recht! Des is so unfair!
Kare: Und de unangenehmen Dinge, de in Sekunden vorbei sein sollten, de dauern Stunden!
Sepp: Wos moanst jetza do zum Beispiel?
Kare: Zum Beispiel wenn d'Tante Gertraud zu Besuch do is!
Sepp: *Grinst.* Genau, do daadn zehn Sekunden langa! Prost Kare, frohe Weihnachten!
Kare: Wenns no scho ume waar!

An Silvester steht ja immer das neue Jahr im Mittelpunkt. Man wünscht sich ein gutes, ein gesundes, ein friedliches, ein erfolgreiches und wer weiß was sonst noch für ein Jahr. Man hat Vorsätze, Wünsche und Träume, was die 365, manchmal auch 366 Tage betrifft, die vor einem liegen. Und das alte Jahr? Wer denkt an das arme alte Jahr, das nun unweigerlich und für immer weg ist, aus, vorüber, verbraucht, am Ende! Ein Mann will das nicht einfach so hinnehmen und hat sich die Mühe gemacht, an das alte Jahr zu denken und sich bei ihm zu bedanken, zumindest war das seine Intention. Umso mehr er aber darüber nachdachte, was sich im alten Jahr alles ereignet hat bei ihm, umso mehr kam er zur bitteren Erkenntnis, dass er die Überschrift der Geschichte abändern muss. Geplant war eigentlich der Titel „Danke, altes Jahr", jetzt lautet er

Schade ist es nicht um dich

So, liebes altes Jahr, das wars also für dich! Noch acht Stunden, dann bist du vorbei! Ich möchte die Gelegenheit nutzen, mich bei dir zu bedanken!
Wobei, gleich am Anfang bist du nicht gut für mich gestartet, weißt es noch? Am 5. Januar hattest du die Idee, es bei minus 4 Grad regnen zu lassen. Ehrlich gesagt: eine ganz schlechte Idee! Ich bin beim morgendlichen Hereinholen der Zeitung vor der Haustüre ausgerutscht und auf den Teil des Körpers gefallen, den man landläufig als Gesäß bezeichnet. Mein Nachbar, ein grobschlächtiger Mensch mit einem Minimum an Manieren, aber einem Maximum an ordinärem Wortschatz, wurde Zeuge meines Ausrutschers und kommentierte ihn mit „Etza hods di owa gscheit am Orsch hizuntn, Lauerer!" Das konnte ich notgedrungen nur mit einem „Jawohl!" beantworten. Seine anschließende Frage „Duats weh?" war rein rhetorischer Natur, denn jeder Idiot, auch er, weiß, dass ein solcher Sturz auf den Steiß äußerst schmerzhaft ist! Er klärte mich noch darüber auf, dass Regen auf gefrorenen Boden Eis verursacht und dass dieses aufgrund des fes-

ten Aggregatzustandes (woher kennt dieser Primat diesen Begriff?) rutschig sei. Mir diese Binsenweisheit von einem Kretin erklären zu lassen, war geistig fast noch schmerzhafter, als es der Sturz körperlich war!

Doch damit nicht genug der Demütigung! Das Einholen der Tageszeitung aus dem Zeitungsrohr ist in der Regel eine Tätigkeit von wenigen Sekunden, weshalb ich dabei in der Regel nur sehr leicht bekleidet bin, so auch am 5. Januar. Ich trug eine kurze Feinrippunterhose der Größe XXXL sowie mein pinkes Nacht-T-Shirt mit der Aufschrift „Sweet Dreams", was beim Nachbarn sichtliche Heiterkeit auslöste! Sein grinsend hervorgebrachtes Kompliment „Hut ab, klasse Outfit!" war hundertprozentig ironisch gemeint!

Als ich mit feuchter Zeitung und nasser Feinrippunterhose zurück im Haus war, war meine Frau entgegen ihrer Gewohnheit bereits aufgestanden und tadelte mich. Der Tadel gipfelte in der unwahren Behauptung, dass man sich mit mir schämen müsse.

So bist du also gestartet, altes Jahr, und ich dachte bei mir: Jetzt kann es nur noch besser werden! Wurde es nicht! Im Februar war ich mit dem Auto unterwegs nach Straubing. Im Autoradio lief „Highway to Hell" der Kapelle AC/DC. Da ich keinerlei Beifahrer hatte, drehte ich auf volle Lautstärke und sang, wie es meine Gewohnheit ist, wenn ich unbeobachtet und unhörbar bin, laut mit. Dass man die Geschwindigkeit außer Acht lässt, wenn man dermaßen euphorisiert ist, versteht sich von selbst.

Nun ist es aber so, dass die im Mittelalter verbreitete Unsitte der Wegelagerei auch in unserem digitalen Zeitalter noch anzutreffen ist. Die Wegelagerer sind aber keine Menschen mehr, sondern technische Geräte – Radarfallen genannt! Eine solche wurde mir zum Verhängnis, als ich auf dem Highway nach Straubing „Highway to Hell" brüllte.

Die Folge der musikbedingten Geschwindigkeitsüberschreitung war, dass man mir für einen Monat körperliche Fitness verschaffte, da ich den Führerschein abgeben und zu Fuß in die Arbeit gehen musste! Da es sich bei diesem Monat um den feucht-kalten März handelte, gab es einen kräftigen Schnupfen obendrein, vom

Bußgeld ganz zu schweigen! Blamabel war auch das Foto, das man mir zum Beleg meines Verbrechens per Einschreiben zukommen ließ: Mein Mund war wegen des begeisterten Gesanges weit, beinahe fratzenhaft aufgerissen!

Nach dem radarverseuchten Februar und dem verrotzten März wurde es im April deutlich wärmer und damit frühlingshaft. Als großer Naturfreund nutzte ich das milde Wetter und unternahm eine mehrstündige Wanderung durch Wald und Flur. An dem milden Wetter erfreuten sich außer mir aber auch noch kleine Tiere namens Zecken! Einer von ihnen fand den Weg in meine rechte Kniebeuge. Hielt ich ihn am Anfang noch für einen juckenden Pickel, musste ich vier Tage später den Arzt aufsuchen, da der Pickel quasi lebte und eine rötlich gefärbte Entzündung hervorrief. Gott sei Dank hinterließ das krankheitsträchtige Insekt keine bleibenden Schäden bei mir, nachdem es vom Arzt fachmännisch entfernt worden war. Ich traue mich zu sagen, dass sich in solchen Fällen meine jahrzehntelangen Desinfektionsbemühungen durch Weißbier und sonstige, auch höherprozentige keimtötende Getränke bezahlt machen!

Im Mai dachte ich: Jetzt sind bereits vier Monate des Jahres vorüber, und das ohne nennenswerte Erfolge, jetzt muss endlich etwas Positives geschehen! Es geschah, doch nicht wie erhofft! Mein alljährlicher Gesundheitscheck ergab eine sehr positive Entwicklung beim Körpergewicht, nämlich ein Plus von sechs Kilogramm gegenüber dem letztjährigen Check! Ich muss leider hinzufügen, dass das Gewicht bereits beim letztjährigen Check zu hoch war für meine Körpergröße. Es wäre im Normalbereich, wenn diese 2,31 Meter betragen würde, was sie nicht annähernd tut. Grob geschätzt fehlt mir in der Höhe ein halber Meter, um schlank zu sein.

Im Juni hieltest du, sehr geehrtes altes Jahr, etwas ganz besonders Peinliches für mich parat: Beim Volksfestbesuch stolperte genau vor meinem Platz ein Kind und fiel hin. Dies wäre an sich nicht so schlimm gewesen, denn es war nicht MEIN Kind. Aber es hatte vor dem Sturz eine im Ketchup schwimmende Currywurst mit Pommes frites in der Hand gehabt, die es, einem Kugelstoßer

ähnlich, in hohem Bogen von sich warf. Es wollte damit vermeiden, dass der Imbiss seine Kleidung versaute, was gelang. Aber als Landeplatz hatte sich die rote Soße den Hosenstall meiner weißen Jeans und dessen nähere Umgebung auserwählt. Die Jeans hatte ich extra angezogen, um angesichts der knusprigen jungen Frauen, die im Dirndl das Volksfest aufsuchen, jünger zu wirken. Ich getraute mich daraufhin nicht mehr zum Bieseln zu gehen, obwohl dies dringend erforderlich gewesen wäre. Ich wollte es mir aber nicht antun, mit einer für den objektiven Betrachter blutverschmierten Hose durch das Bierzelt zu gehen. Durch ein Bierzelt übrigens, in dem mich die meisten Menschen kennen! Unter großen Schmerzen wegen des Überdrucks in den Leitungen des Intimbereiches verblieb ich noch kurze Zeit auf meinem Platz und hastete dann, eine Speisekarte vor mich haltend, zum Parkplatz, wo mein Auto stand. Auf dem Weg dorthin fragte mich ein Security-Mitarbeiter, ob mir jemand eine Verletzung im Unterleib zugefügt habe und ob ich Anzeige erstatten wolle. Ich antwortete wahrheitsgemäß, dass es ein circa 7-jähriges vermutlich männliches Kind war, ich aber von einer Anzeige absehen wolle.
Auf die Fragen und Verdächtigungen meiner Frau nach meiner Heimkehr muss und will ich nicht näher eingehen.
An den Juli mag ich nicht mehr denken, da ich mir bei einer Wanderung im wolkenlosen Bayerischen Wald einen Sonnenbrand auf dem Kopf zuzog, der eine Woche brannte und danach zwei Wochen juckte, als sich die Haut in kleinen Fetzchen ablöste. Ursache war die weltweite Klimakrise sowie fehlende Haare, ein fehlender Hut und fehlende Sonnencreme auf meinem Haupt. Ansonsten habe ich den Juli aus Angst vor weiteren Verbrennungen im Haus verbracht.
Im August hieltest du, altes Jahr, etwas ganz Besonderes für mich bereit: Bei der Pilzsuche im heimischen Wald lachte mein Herz, als ich neben einem kleinen Tännchen einen herrlichen Steinpilz erblickte, wie gemalt und geschätzt 700 Gramm schwer! Als moderner Mensch und Bestager machte ich mit dem Handy ein Foto von ihm und postete es umgehend auf Instagram. Den wahnsinnig originellen Kommentar „Der Pilz des Steines ist was Feines"

fügte ich hinzu, um viele Likes zu bekommen. Meine Kreativität kennt in solchen Dingen keine Grenzen!
Sodann machte ich mich daran, den Prachtkerl aus dem Boden zu schrauben. Ich bevorzuge nämlich die sanfte Methode der Pilzpflückung und nicht das brutale Abschneiden mit einem Messer!
Gerade als ich die kräftige Knolle des Stieles mit der rechten Hand umfasste und zur vorsichtigen Drehung und Hebung aus dem Erdreich schreiten wollte, durchfuhr mich ein stechender Schmerz, sodass mir auf der Stelle regelrecht schwindlig wurde. Ich erkannte sofort: Die Ursache lag bzw. lauerte unter dem Pilz!
Langer Rede kurzer Sinn: Eine Wespe hatte es sich im Schatten des Hutes des Steinpilzes bequem gemacht und äußerst aggressiv auf den vermeintlichen Feind, der eigentlich nur meine rechte Hand war, reagiert. Auf Deutsch gesagt: Sie hatte mich gestochen! Daher auch der „stechende" Schmerz! Während das blöde Stacheltier das Weite suchte, schwoll der angegriffene Zeigefinger schlagartig an. Mir war sämtliche Freude am Pilzfund und am Leben an sich vergangen und ich ging heimlich weinend heim.
Dort steckte ich das malträtierte Körperteil in ein Glas kalte Milch, ein altes Hausrezept zur Förderung der Abschwellung. In dieser Hinsicht half die Milch, doch tagelanges Jucken des Zeigefingers plagte mich sehr.
Im September verstärkte sich der Verdacht bei mir, dass du kein besonders gutes Jahr bist. Unsere Lottotippgemeinschaft, bestehend aus mir und einem Mitspieler, gibt es seit 30 Jahren. Noch nie hatten wir mit unseren zehn Kästchen, die wir allwöchentlich mit den selben Zahlen spielen, einen nennenswerten Gewinn, abgesehen von vielen Dreiern und vereinzelten Vierern, die zum Leben zu wenig sind und zum Sterben zu viel, um es salopp zu sagen. Man könnte auch sagen „außer Spesen nix gewesen"!
Deswegen haben wir Anfang September die vom Pech verfolgten Zahlen gewechselt.
Leider versäumten wir es, die alten Zahlen für immer zu vernichten und mussten deshalb eine Woche nach dem Wechsel feststellen, dass wir mit diesen fünf Richtige erzielt hätten. Das alte

Sprichwort, dass das Glück ein Rindviech ist, hatte sich wieder einmal bewahrheitet!

Im Oktober ließ ich wie jedes Jahr die Winterreifen auf mein Auto montieren und wie jedes Jahr für nix und wieder nix, weil es bis heute nicht geschneit hat. Dies bin ich zwar schon gewohnt, aber dieses Jahr, das ja du bist, war es besonders ärgerlich, da ich laut Aussage der Reifenfirma neue Reifen brauchte und diese insgesamt circa 800 Euro gekostet haben.

Dann kam der November und der Winter war meteorologisch überhaupt nicht spürbar. Körperlich schon, denn ich hatte den ganzen Monat durchgehend Schnupfen, garniert mit Halsweh und nächtlichem Schüttelfrost. Kurz gesagt, ein November zum Vergessen!

Tja, und nun haben wir den letzten Tag im Dezember. Auch dieser Monat konnte dich, blödes altes Jahr, nicht mehr herausreißen, im Gegenteil!

Am 2. Dezember kam Tante Berta zu Besuch und blieb, wie ich schon befürchtete, über Nacht. Das war umso schlimmer, als wir den ganzen Abend ihren Erzählungen von früher lauschen mussten. Erst um 23:30 Uhr ging sie ins Bett, da war aber der Horrorfilm, den ich so gerne gesehen hätte, bereits aus.

Natürlich könnte man sagen: Lass die Tante doch hocken und schau dir trotzdem Horror an! Aber erstens wäre es unhöflich und vor allem zweitens: Tante Berta ist ledig, kinderlos und besitzt in Regensburg zwei Häuser sowie eine beträchtliche Barschaft! Und ich bin ihr einziger leiblicher noch lebender Verwandter und in Frage kommender Erbe! Da sollte man alles tun, um ein Testament zu Gunsten irgendeines sinnlosen Vereins zu verhindern!

Mehr als fad war der Heilige Abend. Dass meine Gattin und ich uns gegenseitig nichts mehr schenken, ist ja absolut in meinem Sinn. Aber dass man auch kulinarisch so gut wie auf null zurückfährt, ist ärgerlich! Eine der zahlreichen Freundinnen meiner Frau ist bei den Katholiken aus- und bei den Veganern eingetreten. Das ist allein ihre Sache und das geht mich nichts an. Wenn jemandem Kichererbsen und Hirse lieber sind als der Stadtpfarrer – meinetwegen. Aber sie hat meine Frau auf die Idee gebracht, das Weihnachtsmenü am Heiligen Abend doch einmal vegan zu gestalten. Und das geht mich etwas an! Am Abend des 24. Dezember gab es bei uns Dinge zu essen, die würde ein Hund nicht anrühren! Da ich kein Hund bin, rührte ich sie zwar an, aber geschmeckt haben sie mir nicht! Entgegen meiner Gewohnheit, mich an diesem Abend so richtig vollzuhauen, stocherte ich nur lustlos herum im Humus und in sonstigen Leckereien. Die Tatsache, dass es auch der Gattin nicht schmeckte, konnte mich kaum erheitern.

Am ersten Weihnachtsfeiertag besuchten wir meine Schwiegereltern. Meine Schwiegermutter kam erstmals auf die Idee, nicht die üblichen Wurstbrote und Kuchen zu reichen, da „man ja vom Heiligen Abend eh noch so voll ist"!

Das gleiche blödsinnige Argument führte am zweiten Weihnachtsfeiertag auch meine eigene Mutter ins Feld. Ich hätte nie geglaubt, dass es möglich ist, aber mir knurrte an allen drei Tagen vom 24. bis 26. Dezember der Magen!

So, und nun haben wir den 31. Dezember und es ist 16 Uhr. Die acht Stunden, die dir noch bleiben, kannst du mich auch nicht mehr überzeugen, du verdammtes altes Jahr!

Eigentlich wollte ich mich bei dir bedanken und dich bedauern, weil du bald im ewigen Nichts verschwindest, aber wenn ich so auf dich zurückblicke: Schade ist es nicht um dich! Schau, dassd weidakimmst!

12 Kurze

Der Ringliebhaber
Moni: Stell dir vor, mei Gatte wünscht sich an Ring zu Weihnachten!
Vroni: Ehrlich? An Ring? Des is bei Männer selten!
Moni: Gell!
Vroni: Und wos für oan? Gold, Silber?
Moni: Fleischwurscht!

Kirchenaustritt
Sepp: Mir hamm heier am Heiligen Abend wos Indisches gessen! Des war ziemlich scharf, i hob zwoa Liter Wasser trunka!
Kare: Des glaub i!
Sepp: Und dann hob i während da Christmette austreten miassn, dringend bieseln!
Kare: Des hörtma jetza oft, dass Leit aus da Kircha austreten!
Sepp: Depp!

Der Bub freut sich
Resi: Unser Hansi gfreit sich scho dermaßen auf die Weihnachtsferien!
Rosi: Unser Sepperl aa!
Resi: Kinnma scho stolz sei aaf unsere Buben!
Rosi: Ja! Schee, dass beide Lehrer worden san!

Fies
Sepp: Bei uns wars gestern vorm Gartentürl so glatt, dass den Postboten voll highaut hod!
Kare: Warum hast denn koa Salz gstraht oder an Split?
Sepp: I hob ja ned gwisst, dass da Postbot so friah kimmt! Eigentlich wollt d'Schwiegermuada um de Zeit vorbeischaun.

Klimakonsequenz
Kare: Es wird allaweil wärmer. Kaum dass no richtig Frost gibt im Winter! Ob sich des amal wieder ändert?
Sepp: I glaub ned. I hob aa scho meine Konsequenzen gezogen.
Kare: Wos für Konsequenzen?
Sepp: I hob alle langen Unterhosen in d'Altkleidersammlung geben!

Mahlzeit
Moni: Stell dir vor: Unser Linus wünscht sich aaf Weihnachten a Schildkröte!
Vroni: Ehrlich? I wissert gar ned, wiama de würzt! Bei uns gibts wieder Wiener!

Gott sei Dank
Moni: Und? Heiliger Abend guat glaffa bei eich?
Vroni: Am Anfang wars fürchterlich! Eine absolute Katastrophenstimmung! Oaner schlechter gelaunt wia da ander.
Moni: Ach du Schreck!
Vroni: Owa Gott sei Dank is dann die Stimmung um halbe neine schlagartig besser worden.
Moni: Warum?
Vroni: Do hamma de Fernbedienung vom Fernseh wieder gfunden!

Oma sieht fern
Oma: Ja Wahnsinn, so viel Jäger auf oamal! Schau dir des o! Und alle mit Schi! Is des a Treibjagd?
Enkel: Naa, Biathlon!

Was der Bauer nicht kennt
Alois: Des neimodische Zeig allerweil!
Xaver: Stimmt! Um wos gehts?
Alois: Muscheln! Da Sohn war an Weihnachten aus Minga do und hod uns Muscheln mitbracht. I hob sowos no nie gessn. Gestern hod's d'Rosl kocht.
Xaver: Und? Wia hamms gschmeckt?
Alois: Noja, geht grad. Owa brutal hirt warns. I hobs kaum beißen kinna.

Berechtigte Frage
Enkel: Opa, mit dir mog i fei gern Fernseh schaun.
Opa: Des gfreit mi!
Enkel: Etza san scho so viel Schifahrer owegfohrn, owa alle warn ganz normal groß.
Opa: Ja freilich san de normal groß.
Enkel: Warum heißts denn dann Riesenslalom?

Weihnachtswunsch eines Platterten
Liebes Christkind,
ich wünsche mir nichts außer einer Verschiebung meines Haarwuchses! Und zwar von den Ohren und den Nasenlöchern um 10 Zentimeter nach oben.

Frage an Lauerer
Kare: Toni, wia hoaßt etza dei neis Weihnachtsbuach wieder?
Toni: Alle Jahre zwider!
Kare: Cooler Titel! Kimm i do drin vor?
Toni: Naa!
Kare: Ned? Owa in dein Buach, wo's um lauter Deppen ganga is, do bini vorkema!
Toni: *Achselzuckend:* Ja mei. Do hast halt besser einepasst!

Ich weiß nicht, wie es Ihnen geht, verehrte Leserinnen und Leser, aber mir verdirbt es jedes Jahr die Weihnachtsvorfreude: die Einkauferei! Da die Gattin wegen Reinigungsarbeiten (es kommt Besuch – Putzen!!!) und Küchenarbeiten (es kommt Besuch – Kochen!!!) sowie Schönheitsreparaturen (es kommt Besuch – Frisörtermin!!!) keine Zeit hat, werde ich mit einer langen Liste der mitzubringenden Artikel losgeschickt. Wäre ich der einzige Einkaufende, würde es mir sicher Spaß machen. Aber ich bin einer unter vielen, unter sehr vielen, unter extrem vielen! Es ist mir schon immer ein Rätsel, wieso diese rücksichtslosen Zeitgenossen immer am allerletzten Tag vor dem Heiligen Abend einkaufen müssen – genau an dem Tag, an dem ich einkaufe! Ich vermute, die machen das nur, um mich zu provozieren und zu ärgern! Ein weiteres Ärgernis ist die Menge der nach Meinung meiner Gattin einzukaufenden Nahrungsmittel – wenn ich mir die Dinge auf der langen Liste gedanklich vorstelle, gelange ich zu folgender Überzeugung: Uns muss an den Feiertagen eine komplette Fußballmannschaft plus die örtliche Freiwillige Feuerwehr heimsuchen, um den Kühlschrank und die Speisekammer wieder halbwegs leer zu bekommen. Und es muss eine männliche Fußballmannschaft sein! Und keine Vegetarier oder gar Veganer! Aber Schluss mit der langen Vorrede. Hier meine Gedanken

Im Supermarkt am 23. Dezember

Des war ja klar: Nicht ein Einkaufswagen frei, alle im Einsatz! Wir haben 3 (in Worten: drei) Feiertage vor uns, owa de Leit kaffa ei, als waarma vier Wochen von der Außenwelt abgeschnitten! De werden immer blöder! Etza konn i warten, bis irgendein Depp außakimmt und mir sein Einkaufswagen gibt. Aaah, do kimmt scho oaner! Um Gottes willen, der hod ja um 1000 Euro a Glump drin! Des dauert minimum a Viertelstund, bis der des ganze Graffel im Auto hod, do wart i lieber aaf den nächsten! Vielleicht is der ned so irr und hod Fressalien eikafft bis Pfingsten!

Halt, kimmt scho oaner. Der hod wenigstens ned so brutal viel im Wagen! „Sie, daadn Sie mir Eahnan Wagen dann geben, wenns firte san mitm Ausraama? Zuageh duats wia am Jüngsten Tag!"
„Prosim? Bittäää?"
Des aa no, a Tscheche! Dann muass ich Tschechisch fragen: „Du mir geben Wagen, ich dir geben Euro!"
„Bittäää gernäää!"
Jawoll, der hod an Anstand! Scho komisch – mir fahrn in d'Tschechei zum Tanken und d'Tschechei fahrt zu uns zum Eikaffa! Sei Frau hod er aa dabei, dass wos segt von der westlichen Luxuswelt, jawoll! Des nennt man internationale Handelsbeziehungen.
So, etza is er scho firte und da Einkaufswagen is frei. „Da ist Euro bittäää, kemmts guad hoam! Scheene Feiertagäää!" Do schauns, weil i Tschechisch konn!
So, auf gehts! Schauma zerst beim Gmias, wos steht am Zettel unter „Gemüse"? 2 St. La. ... 2 St. La.? Wos soll des sei? Des is wieder typisch, de kürzt immer alles ab und i solls dann schmecka!
Halt, do is a Verkäuferin! „Fräulein, Moment bitte! Wissen Sie, wos des sei könnte, des wo mei Frau do aufgschriebn hod? Wissens, de kürzt immer alles ab. ‚2 St. La.'? Hamm Sie sowos im Sortiment?"
„Ich bin zwar eine Kundin, aber das dürfte zwei Stangen Lauch heißen!"
„Freilich! Dass i des ned selber gmerkt hob! Dankschön! Ich stand beim Lauch voll auf dem Schlauch! Haha! Spaß muss sein! I bin Mundartdichter und reim gern!"
Logisch eigentlich, der Lauch, wos sunst! Unter normalen Umständen waar i scho drauf kema, owa de Massen an Leit machen mi ganz wirr! De hamm de ganze Woche Zeit zum Eikaffa, hundertprozentig. Und wann kaffens ei? Wenn i aa eikaaf! Deppen, wo du hischaust! Do, da Ding zum Beispiel, i konn mir dem sein Namen ned ums Verrecka mirka, er hoaßt Vrnic oder so ähnlich, eventuell aa Brvic: Seit einem Jahr in da Rente! Der könnte Dog und Nacht eikaffa, ohne dass er normale Menschen wie mi belästigen daad, owa nein: Akkrat heit muass er sein Kadaver do einaschleppa! Der schaut ned gsund aus, fast bleich. Und dann

steht er kaasig vorm Obst und woaß ned, wos er will, und blockiert des ganze Obst – typisch Rentner! D'Avacado gafft er o mit seiner starken Brilln! Wahrscheinlich moant er, des san Birn!
„Grüß Gott, Herr Lauerer!"
„Äh, grüß Gott, Herr Ding! Kaufens aa ei?"
„Bloß no a paar Kleinigkeiten, den Rest hob i gestern scho kauft!"
„Do hamms recht, Herr Ding! Rein interessehalber: Daadn Sie drauf kemma, wos 2 St. La. bedeit?"
„Zwei Stangen Lauch wahrscheinlich!"
„Haargenau! Sie san a heller Kopf! Also nacha, scheene Feiertage! Guad schauns aus! Und scheene Griaß an d'Gattin!"
„De is im Krankenhaus!"
„Schlimm?"
„Naa, bloß a neie Hüfte!"
„Do schau her! Und scho hods a Weihnachtsgschenk! A neie Hüfte kriagt ned jede vom Christkindl! Brauchen Sie ihr nix kaufa!"
„Hahaha! Genau!"
„Spaß muss sein, nix für unguad! Also, Herr Ding, pfiat Gott! Sagens da Gattin an scheena Gruaß und guade Besserung, des wird scho wieder!"
„Wiederschaun, Herr Lauerer!"
„Genau!"
Depp der! Mir is doch des wurscht, ob sei Thusnelda a neie Hüfte kriagt oder an neia Kopf! I hob a Einkaufsliste zum Abarbeiten und der halt mi auf!
Also, Lauch hamma. Wia gehts weida? Brokkoli, Chinakohl, Gurke, alles klar, Gott sei Dank hods des ned abgekürzt!
Wos steht do? Aprikosen, falls nicht zu weich. So ein Schmarrn! Woher soll etza i wissen, ob de zu weich san oder ned? „Sie, Fräulein, schauns amal de Aprikose o! Wos täten Sie sagen, is de zu weich?"
„Das ist eine Nektarine, mein Herr!"
I hass so klugscheißerische Verkäuferinnen! „Mein Herr", sagts und moana duats „du Depp du"! I kenn des ganz genau, wenn jemand mi für bläd halt! Dumme Gans!
„Aprikosen hamms ned do?"

„Aber natürlich! Da, gleich neben den Nektarinen, mein Herr!" Hods scho wieder „mein Herr" gsagt. Mit voller Absicht! I frag de nimmer! I nimm etza a Pfund Aprikosen! Ob de hirt san oder lätschert, des is mir so wurscht wia no wos! Wenns zu lätschert san, dann solls an Smoothie macha!

Wos brauch i no? 20 Eier! Wo san die Eier? Eier san in jedem Supermarkt a Problem. Wie oft i scho Zeit verplempert hob wega de blädn Eier! De san oft dermaßen versteckt, dass du dir vorkimmst wia beim Osterhasen! Manchmal sans bei de Joghurt, dann wieder bei de Erdäpfl!

Und dann is manchmal aa aso, dass du eh scho im Zeitstress bist und dann triffst no an Vollidioten, den Kare zum Beispiel! Den hob i letzdings troffa bei der Eiersuche im Netto. „Wos bist denn so angespannt?", hoda gfragt, und i hob gsagt: „I brauch dringend Eier, owa i finds ned!" Dann sagt der Aff zu mir: „I hätt zwoa dabei, owa de san angwachsen!"

Kein Niveau, der Kretin! Ordinär, geschmacklos und sexistisch bis dort hinaus! Wenn du solche Freunde host, dann bist zu bedauern!

Ok, Eier suach i später, des halt mi etza zu viel aaf. I schau zerst, dass i weidakimm mit meiner Liste. Gemma zu de Backzutaten! Halt, stopp, Kommando zurück! Do steht d'Frau Räberer und wart aaf a Opfer, dem sie vo ihre Krankheiten erzähln konn! De wenn alles hätt, wos sie glaubt, dann waars scho lang tot! Vom eigwachsna Zehanogl ganz unten bis zum Kopfhautjucken ganz oben: D'Räberin hod alles! Durchfall und Verstopfung gleichzeitig? Frau Räberer schaffts! Herpes an beide Läberer? Fragen Sie Frau Räberer!

Also de halt i heit nervlich ned aus, i geh lieber vorab zur Fleischabteilung! Ja fix, do stenga aa scho wieder sechs Leit! Hamm denn die Menschen nix anders mehr im Sinn als eikaffa? De solln dahoam bleim und amal a Buch lesen, des is guad gegen Dummheit! Oder Sport macha, des is guad gegen Dickheit!

Hilft nix, stell i mi halt o als Nummer 7! Ok, bei drei Verkäuferinnen könnts ja einigermaßen flott geh! Kundinnen Nummer 1, 2 und 3 san scho dran. Leider kennen sich scheinbar Nummer 1

und Nummer 3. Und als Nummer 1 de Verkäuferin fragt: „Hamm Sie a Lung und a Leber?", da sagt Nummer 3: „Frau Griebler, sans vorsichtig mit de Innereien! Gichtgefahr! Mei Gottfried hod seiner Lebtag gern und viel Leberknödel und sauers Lüngerl gessn, Niern sowieso! Und etz duat eam oft da rechte große Zeha furchtbar weh. Der Zeha schaut dann aus, als daad er glei platzen, so entzunden, dunkelrötlich! Da Doktor sagt, des is Gicht und des kimmt vo zu vielen Innereien!"
Des duat mir zwar leid, owa irgendwie is mir aa wurscht, ob dem sei großer Zeha rot is oder blau oder sunstwos! De solln schaun, dass ihr Glump kaffa, dass i drokimm! Mei Liste is circa 25 Zentimeter lang und i hob erst drei Zentimeter gschafft! De kompletten Backzutaten, Milchprodukte und Getränke san no unerledigt. Und Fleisch und Wurscht natürlich!
Endlich is de Nummer 4 dran! Wos will de? A Fleisch vom Milchkalb? Ja kruzenäsn, fallt dera nix Normals ei? Milchkalb! Pervers! Wia konnma sowos essen? Kaum is des Keiberl aaf da Welt, wirds vo solcherne Grobiane gfressn! Pfui Deifl! Hoffentlich miassts speim!
D'Metzgereifachverkäuferin sagt: „Hamma leider nicht!" Grad recht! Des gfreit mi direkt fürs Milchkalb! Bloß weil Weihnachten is, brauchtma doch essensmäßig ned glei durchdrahn! Man konn doch aa a Schweiners essen oder a Wurscht!
„Bitteschön?"
Wos is los? Wos will de vo mir?
„Bitteschön der Herr, Sie wünschen?"
Achso, i bin scho dran! Is des schnell ganga! „Äh, i daad ein Kilo Rinderfilet braucha!"
„Rinderfilet ist leider aus!"
„Wia aus?"
„Aus, ausverkauft! Wir haben keines mehr da!"
„Wieso?"
„Weil an Weihnachten sehr viel Rinderfilet gegessen wird!"
Himmelherrgott! Kinna denn de Leit ned normal essen? Muass es Rinderfilet sei? Des is also de sogenannte neue Armut in Deitschland! Rinderfilet einehaun bis zum Abwinken! Und i kriag

koans mehr! Wenn i ohne Rinderfilet hoamkimm, sagt sie wieder, i bin z'bläd zum Eikaffa! Hilft nix, dann muass i halt no in a andere Metzgerei später!
„Hallo?"
„Wos hallo?"
„Möchten Sie noch etwas bestellen?"
„Ja natürlich! Irgendwos miassma ja essen morgen Abend und an de Feiertage!" I schau auf mei Liste. „Ochsenbäch ... Ochsenbäch... i konns ned gscheit lesen!"
„Ochsenbäckchen?"
„Genau, aso hoaßts! A Pfund rund!"
„Ochsenbäckchen sind auch aus!"
„Ehrlich?"
„Ja, tut mir leid! Da hatten wir von vornherein nicht viele da."
„Des is schlecht! Moment, dann schauma, wos no aaf meiner Liste steht ... äh ... 1 Kilo Hackfleisch!"
„Rind oder Schwein?"
„Hack!"
„Nein, ich meinte, soll das Hackfleisch vom Rind oder vom Schwein sein?"
„Sehr gute Frage! Des woaß i owa ned. Gibts aa gemischt?"
„Natürlich!"
„Dann a Pfund jeweils, des miassert mindestens die Hälfte passen!"
Sie lacht und sagt: „Männer mit Humor sind einfach toll! Und Sie hamm einen Humor!"
Also wenn i de Frau genauer oschau: Eigentlich is de deutlich schlanker als man aaf den ersten Blick moant! I hätts fast für wampert ghaltn, des war offensichtlich a optische Täuschung. Und sie hod a sehr modische Frisur! Topp Frau eigentlich! Und Menschenkenntnis hods aa no, einfach toll! Der wo de amal kriagt, der hod a Glück!
„Und?"
„Äh ... und wos?"
„Kriegens außer dem Hackfleisch no was?"

„Äh … ja, Moooment, schöne Frau! Aaalso … i daadert sagen, gema über zur Wurscht! Weils wurscht is!"

Sie lacht! Jawoll, mei Humor kimmt immer no o bei den jungen Damen!

I kaaf um circa 50 Euro verschiedene Wurstsorten – eigentlich hätt i gar ned so viel braucht bzw. aaf meiner Liste ghabt, owa es macht einfach Spaß, bei dieser Frau zu bestellen!

„Also dann, schöne Frau, war mir ein Vergnügen! Frohes Fest!"

„Eahna aa! Und gell, behaltens Ihren Humor!"

„Versprochen!"

Eine Wahnsinnsfrau!

So, etza könnte die Backwarenabteilung Räberer-frei sei. Jawoll, des Horn is weg! Also, wos braucht mei Chefin?

„Gem. E-Nüsse, 1 Pck." Des kapier i sofort – 1 Packung gemahlene Erdnüsse! Wo san de? Aaah, do sans! Moment, do sans aa – und do aa! Do gibts drei verschiedene Packungsgrößen: 100 Gramm, 200 Gramm und 500 Gramm! Und etza? Wos is de richtige Größe? I nimm liaba 500 Gramm, dann langts hundertprozentig! Notfalls wern halt dann de Plätzln nussiger als geplant!

Weida gehts: Zitronat! Mog i ned, pfui Deifl! Do sog i einfach, des war ausverkauft! Wos no? „250 Gramm Schokoguss" – den mog i scho! Aber: Den gibts bloß in 200-Gramm-Packungen. Hm … 200 is zweng und 400 is zu viel! Was tun? I nimm 400 Gramm, wenn wos überbleibt, des iss i dann aso, als Snack zu de Plätzln. Um Gottes willen, wos hör i do im Nebengang, Richtung Nudeln? Halsentzündung? Rötung? Frau Räberer is in the Haus, nach wie vor! Etza hoaßts: Taktisch weidageh und Lärm vermeiden! Weil de kennt mi und mei Stimme! Eigentlich brauch i bloß no Getränke und des Rinderfilet und de Ochsenbäckchen. Do fahr i in den Getränkemarkt, do is de Auswahl eh größer. Und dann in a Räberer-freie Metzgerei.

Also, ab an die Kasse, dass i zügig weidakimm! Aber das Schicksal ereilt mi in Form des Ding, der mir entgegenkimmt und ganz laut sagt: „Hammses scho gschafft, Herr Lauerer? Alle Einkäufe erledigt?"

I hauch gaaanz zart: „Ja!"

Des hod die aaf Gesprächspartner lauernde Räberer ghört und scho stehts do, wia a böser Geist!
„Ja, da Herr Lauerer! Gehts Eahna guad? Mir gehts ned guad! Stellen Sie sich vor: Akkrat etza vor Weihnachten kriag i a Halsentzündung, mit Rötung! Schauns her!" Sie streckt ihran roten Hals, dass i die Rötung seg. Des schaut aus wia bei einem Truthahn!
„Um Gottes willen, Frau Räberer, do tuen Sie mir gscheit leid! Hoffentlich gehts Eahna ned wia dem Hansen Hans!"
„Hansen Hans? W... w... wieso? Wos war mit dem?"
„Hamms des ned ghört? Da' Hans hod aa a Halsentzündung ghabt, hods owa praktisch ignoriert und einfach so getan, als waar nix! Er hod sogar beim Männergesangsverein gsunga, trotz Halsentzündung! Und des war ein schwerer Fehler, ein ganz ein schwerer!"
„Ja, wia des?"
„Er hod dann drei Wochen keine Stimme mehr ghabt, ned amal Piep hod er sagen kinna! Da Doktor hod gsagt, wenn er zwoa Tage absolut staad gwesn waar, hätts keine Probleme geben! Owa bei Halsentzündung viel reden, des is quasi Gift für die Stimme! Do muassma extrem vorsichtig sei! Des daad mi etza interessiern, ob Sie do aa scho wos merka. Erzählns amal, wia hod des angfangt mit dera Entzündung und wia schauts momentan aus?"
Frau Räberer schaut auf die Uhr. „Äh, i muass leider weg! Wiederschaun!" Dann is furt, lautlos!
„Hut ab, Herr Lauerer! De Nervensäge hamms kalt erwischt, Kompliment!", sagt da Ding.
So zwider is er eigentlich gar ned!

Mit stolzgeschwellter Brust fahr i in den Getränkemarkt und zum Metzger, weil d'Räberin zum Schweigen bringa, des konn ned jeder!

Qualitätsverlust

Kare: Also irgendwie wird alles schlechter.
Sepp: Des konnst laut sagen! Es geht dahi. Wos moanst etza konkret?
Kare: Die Qualität an sich, es wird bloß no Glump hergstellt.
Sepp: Des stimmt! Glump wo du hischaust! Unser erster Fernseh hod zum Beispiel 21 Jahre ghalten! 21 Jahre hamma den ghabt! Ohne Probleme! Und den zwoaten bloß vier Jahre!
Kare: Dann war er hi?
Sepp: Hi ned, owa zu kloa! Hamma uns an größern kafft wega de Augen!
Kare: Do segstas wieder! Wird der zu kloa nach vier Jahren! Des waar früher ned passiert!
Sepp: Keine Qualität mehr. Lauter Glump!
Kare: Aa in der Natur: Keine Qualität mehr!
Sepp: In da Natur?
Kare: Ja, beim Schnee zum Beispiel!
Sepp: Is da Schnee aa a Glump?
Kare: Freilich! Da Schnee, der war früher viel tragfähiger, viel kompakter!
Sepp: Ehrlich?
Kare. Wennes dir sog! Früher, als junger Bursch, wenn ich Schi gfahrn bin, do bin i über den Pulverschnee gwedelt, dass a Freid war! Heit sink i 40 Zentimeter ei und muass schaun, dass i vom Fleck kimm! Der Schnee is nimmer tragfähig, der war früher viel kompakter!
Sepp: Moanst ned, dass des do dran liegt, dass du früher 75 Kilo ghabt host und etza 125?
Kare: Des waar rein theoretisch aa möglich!

Noch nie haben sich die Technik, die Sprache, die Moralvorstellungen, das Freizeitverhalten und wer weiß was noch alles so rasant verändert wie in den letzten Jahrzehnten. Was noch vor 30 oder 40 Jahren chic, beliebt und völlig ok war, ist heute unmodern, out und schlimmstenfalls sogar oberpeinlich! Und darum tut sie sich hart beim Versuch, der Enkelin ein passendes Weihnachtsgeschenk zukommen zu lassen,

Die altmodische Oma

Oma:	So, Annerl …
Mutter:	*Vorwurfsvoll:* Mensch Mama, Ann-Sophie heißt sie! Sag halt ned immer Annerl!
Oma:	Jaaa, i woaß scho! Mir gfallt halt Annerl besser! Sofferl waar aa ned schlecht!
Mutter:	Ja freilich, Sofferl! Des daad uns no fehlen, dass du Sofferl sagst zu deiner Enkelin! Bitte sag Ann-Sophie zu ihr!
Ann-Sophie:	Ja, bitte, Oma!
Oma:	Na guad! Also, Ann-Sophie, wos wünschst du dir denn vom Christkindl? Magst a Puppenküche? Etza bist ja scho vier Jahre alt …
Ann-Sophie:	Fünf!
Oma:	Mei, wia die Zeit vergeht! I woaß no, wia dei Mama schwanger war – und etza bist fünf! Do sollma ned alt werden! Magst a Puppenküche vom Christkindl?
Ann-Sophie:	*Verlegen-unsicher:* Was ist das, Oma?
Mutter:	Da siehst du es, Mama: So klischeehafte Geschenke kennen die Kinder heutzutage gar nimmer!
Oma:	Wos is nacha des? Klischeehaft?
Mutter:	Weil das die althergebrachte und längst überholte Rollenverteilung darstellt, so nach dem Motto: Die Frau gehört in die Küche! Und natürlich heißt es „die Puppe"! Das ist ganz typisch! Die Puppe MUSS

	natürlich weiblich sein! Als willenlose Gespielin der Männer!
Oma:	Ja freilich is a Puppe weiblich! Sunst daads ja „Pupperer" hoaßn oder „Pupperich"!
Ann-Sophie:	*Verwirrt:* Mama, was ist ein Pupperer?
Mutter:	Ach nichts, Ann-Sophie! *Zu Oma:* Verwirr doch das Kind ned so! Pupperer! Du weißt genau, was ich meine: Frauen müssen kochen, waschen und schön sein. So denkt doch deine Generation!
Oma:	Und putzen! Putzen host vergessen! Wenn alles schee sauber is, des gfreit den Menschen einfach!
Mutter:	Genau! Typisch! *Zynisch:* Frauen müssen putzen! Damit es für den Herrn im Haus schön sauber ist und er alles wieder schmutzig machen kann! *Ironisch zu Ann-Sophie:* Hast du gehört, Ann-Sophie? Du musst waschen und kochen und putzen, wenn du einmal groß bist! Du musst Hausfrau werden! Das ist das Schicksal aller Frauen! Meint Oma!
Ann-Sophie:	*Weinerlich:* Ich mag aber Sängerin werden! Oder Model!
Oma:	Du konnst ja singa beim Putzen! Beim Kochen aa. I sing gern, sogar am Klo! Dann geht alles leichter!
Ann-Sophie:	Am Klo?
Mutter:	*Tadelnd:* Also Mama! Auf jeden Fall: Eine Puppenküche kommt nicht in die Tüte!
Ann-Sophie:	*Verwirrt:* Krieg ich vom Christkind eine Tüte, wo die Geschenke drin sind?
Mutter:	Nein, Ann-Sophie, das sagt man nur so. Das bedeutet, eine Puppenküche kommt nicht in Frage! Eine Puppenküche wollen wir nicht!
Oma:	Wos hoaßt do „wir"? Dir daad ja 's Christkindl koane bringa, bloß da Ann-Sophie.
Ann-Sophie:	Was ist denn eine Puppenküche?
Mutter:	Siehst du, Mama! Sie kennt dieses Frauenunterdrückungsspielzeug gar nicht! Ich habe meine Tochter

	liberal und selbstbewusst erzogen, ohne das typische Frauenbild von vorgestern!
Oma:	Red ned so gschwolln daher! Du host doch als Kind selber de größte Freid ghabt mit deiner Puppenküch'! Pippi hod dei Puppn ghoaßn, wega da Langstrumpf Pippi! Woaßtas no? Des war aso a routschädelte! Zum Schluss hods bloß no oan Haxn ghabt. I woaß heit no ned, wo der andere Haxn hikemma is.
Ann-Sophie:	Hat die Mama eine Puppenküche gehabt, Oma?
Oma:	No freilich! Mit dera hods sooo gern gespielt! *Zur Mutter:* Woaßtas no, Gerlinde? Dann host immer aus Sand so kloane braune Häuferl gmacht und host gsagt, des san Fleischpflanzl! Und da Papa hods essen miassn!
Ann-Sophie:	Der Papa?
Oma:	Ned DEIN Papa! Da Papa von da Mama, also dei Opa! Der hods essn miassn! Oft hods knirscht in sein Mund! Owa er wollt sei Deandl ned enttäuschen und hod manchmal vier Sandpflanzl hintereghaut! Mir hod scho vom Hischaun graust.
Mutter:	Des waren ganz andere Zeiten, Mama! Auf jeden Fall is a Puppenküche heit nimmer zeitgemäß!
Oma:	Nimmer zeitgemäß! A Puppenküche is immer zeitgemäß, dassdas woaßt! Owa guad, dann halt ned. Magst eventuell an Kaufladen, Ann-Sophie?
Ann-Sophie:	Einen richtigen Kaufladen?
Oma:	No freilich! Do bist dann du die Verkäuferin und deine Freunde …
Mutter:	Und Freundinnen!
Oma:	Ja, meinetwegen! Und deine Freunde und Freundinnen können dann wos kaufen: a Wurscht, an Kaas, a Waschmittel, an Kuchen, a Maggi …
Ann-Sophie:	Ehrlich, Oma? Kann man dann bei mir eine echte Wurst kaufen?
Mutter:	Nein, Ann-Sophie, natürlich keine echte Wurst!

Oma:	De daad ja hi werden! Naa, des in dein Kaufladen waar a Plastikwurscht und a Plastikkaas!
Ann-Sophie:	Aber Plastik ist doch böse!
Mutter:	Genau, Ann-Sophie – Plastik ist böse! Sehr gut! Ich bin stolz auf dich!
Oma:	Wos??? Spinnst etza komplett? Warum soll Plastik böse sei? Plastik duat ja nix. Des liegt ja bloß do.
Ann-Sophie:	Wir haben im Kindergarten gelernt, dass die Wale immer Bauchweh haben und das Plastik ist schuld daran, weil das im Meer schwimmt und die Wale fressen es!
Oma:	Und drum soll dir's Christkindl koan Kaufladen bringa? Weil der bläde Wal jedes Glump frisst? Etza derfst owa aafhörn!
Mutter:	Oma, bitte respektiere es, wenn Ann-Sophie umweltbewusst denkt! Das ist nicht mehr wie früher in deiner Kindheit! Damals habt ihr die Umwelt ohne Rücksicht auf Verluste geschädigt.
Oma:	*In Rage:* In meiner Kindheit is ned umweltbewusst denkt worden? So ein Schmarrn! In meiner Kindheit war ned jedes Essen in Folie eigschweißt, in meiner Kindheit hod aa ned jeds Kind jeden Dog a anders Kleidl oder a andere Hosn anghabt, in meiner Kindheit hods aa bloß oamal in da Woch a Fleisch zum essen geben. Mir warma nämlich damals scho fast Vegetarier und hamms gar ned gwisst! Und in meiner Kindheit is nur am Samstag gebadet worden, drei Kinder in oaner Wanne mitm Wasser, in dem vorher da Vater und d'Muada gebadet hamm! Pfui Deifl wars, owa schee wars trotzdem! Heitzudogs wird jeden Dog geduscht, im Summa sogar zwoamal täglich! Und in meiner Kindheit hod kein Schwein a Handy ghabt! Heitzudogs wird alle zwoa Jahr a neis kafft und des olte weggschmissn! Und mir san in de Ferien in den Wald ganga und hamma Hoiberln zupft und san

	ned mit drümmer Flieger in da Weltgschicht umanandagflogen und hamm d'Luft verpestet! Also sog du mir nix über Umweltbewusstsein in da heitigen Zeit!
Ann-Sophie:	*Völlig sprachlos:* –
Mutter:	*Baff und schuldbewusst:* Äh, Ann-Sophie, a Puppenküche is eigentlich schon was ganz was Schönes! Wenn du magst, darfst du dir gerne eine wünschen vom Christkind.
Oma:	Genau! Und naxts Jahr dann an Kaufladen!

Der Wintersportprofi

Er:	Hildegard!
Sie:	Ja?
Er:	Wo bist denn scho wieder?
Sie:	In da Küch!
Er:	Wos duast do?
Sie:	I putz des Klo!
Er:	In da Küch?
Sie:	Frag doch ned so bläd! Kocha dua i, wos denn sunst!
Er:	Kimm ins Wohnzimmer, Schispringa is do!
Sie:	Des interessiert mi ned!
Er:	Owa grad hods oan gworfa! Do hods direkt gstaubt!
Sie:	Des is mir aa wurscht!
Er:	Des is des: Du host an nix Interesse! Und wennma dann wo san und's Gespräch kimmt aufs Schispringa, dann woaßt wieder nix!
Sie:	So ein Schmarrn! Wo soll denn's Gespräch aufs Schispringa kema?
Er:	Do gibts jede Menge Möglichkeiten: Feierwehrball, Weihnachtsfeier ...
Sie:	Kein Mensch red do übers Schispringa!

Er:	Oder wenn mir privat wo san, do konns durchaus passiern, dass übers Schispringa gred wird!
Sie:	Des is mir aa wurscht, dann red i halt ned mit.
Er:	Du host einfach an Sport kein Interesse ned, des is beschämend! Du host bestimmt keine Ahnung, wia da Weltrekord im Schifliegen is.
Sie:	Noja, 50 Meter werns scho sei!
Er:	Um Gottes willen! 50 Meter! Sag bloß nix, wenn irgendwo über Schifliegen gred wird, do muassmase ja schaama! Da Weltrekord is über 250 Meter! Du bist dermaßen unsportlich! Woaßt du überhaupt den Unterschied zwischen nordisch und alpin?
Sie:	–
Er:	Hildegard?
Sie:	Wos denn?
Er:	Ob du den Unterschied woaßt zwischen nordisch und alpin?
Sie:	Liegt am Wohnzimmertisch da Notizblock?
Er:	Ha?
Sie:	Ob am Wohnzimmertisch da Notizblock liegt!
Er:	Äh ..., ja, warum?
Sie:	Schreib mal auf „Salatöl"!
Er:	Warum Salatöl?
Sie:	Weil mir koa Salatöl mehr hamm!
Er:	Ok, i schreibs auf! Owa jetza lenk ned ab! Wos is da Unterschied zwischen nordischem Wintersport und alpinem Wintersport?
Sie:	Mei, nordisch wird halt im Norden sei und alpin in den Alpen!
Er:	Des is etza ned dei Ernst?
Sie:	Wieso?
Er:	Du host ja überhaupt koa Ahnung, null, des is erschütternd! Den Unterschied zwischen Speed-Disziplinen und technischen Disziplinen kennst dann bestimmt aa ned, oder?
Sie:	Eier konnst aa no aufschreim.

Er: Wos?
Sie: Eier aufschreim auf dem Einkaufszettel!
Er: Ja, Eier schreib i aaf! Kennst den Unterschied?
Sie: Und Schlagsahne!
Er: Ja guad, Schlagsahne! Mensch Meier, i kimm gar ned zum Fernsehschaun! Dauernd muass i di wos fragen und dann muass i no den Einkaufszettel schreim! Guad, dass etza grad a Pause is, weil da Wind zu fest geht!
Sie: Wos?
Er: Der Wind waht zu fest!
Sie: Also, i schau grad zum Küchenfenster auße: Es waht überhaupt koa Wind!
Er: Am Fernseh waht da Wind, ned vorm Küchenfenster!
Sie: Achso! Du, es is so a scheener Wintertag! I geh nach dem Essen auße und jogge a Rundn. Kimmst mit?
Er: Aaf koan Fall! Um 13 Uhr kimmt da zwoate Durchgang Riesenslalom und dann kimmt Biathlon! Bleib halt do und schau dir des o!
Sie: Naa, i jogg' liawa!
Er: Ha, dass du etza dermaßen unsportlich bist!

Immer wieder lustig und spannend: Wichteln! Es funktioniert bekannterweise so, dass jede/r Wichtelwütige ein kleines Packerl zusammenstellt mit einem mehr oder weniger originellen Überraschungsinhalt. Sodann werden alle Packerln mit dem natürlich nicht erkennbaren Wichtelgeschenk auf einen Haufen oder in eine große Kiste geworfen und jede/r darf sich eines nehmen, logischerweise nicht das eigene. Schauen wir mal, wie es lief bei der Adventsfeier des Schützenvereins „Eintracht voll daneben" und wer Glück hatte und wer weniger

Beim Weihnachtswichteln

Vorstand: So, liebe Schützenbrüder, -schwestern, Jungschützen und Sonstige, besonders Herr Gauschützenmeister nebst Gattin! Nachdem uns die Jungschützin Luzia Kleinlein das schöne Gedicht „Wenns dunkelt und funkelt im Winterwald" vorgetragen hat – dankschön nochmal Luzia, das hast du sehr gut gemacht, Volltreffer würde ich als Schützenmeister sagen, Spaß muss sein –, und nachdem ich meinen Jahresrückblick erstattet habe, kommen wir zum alljährlichen Höhepunkt unserer Adventsfeier, dem Wichteln! Um es salopp auszudrücken: Nach dem Gedichtel kommt das Wichtel! Wie gesagt, Spaß muss sein!

Applaus, einzelne „Bravo"- und „Jawoll"-Rufe.

Vorstand: Die Vorfreude ist – zu Recht – groß, wie ich sehe und höre! Ihr wisst ja, wie das Procedere ist: Jeder hat ein Geschenk im Wert von circa 10 Euro hergerichtet und schön verpackt. Diese Geschenke befinden sich alle in dieser Kiste hier vorne. Ich würde nun bitten, dass ihr tischweise nach vorne kommt und euch ein Packerl nehmt. Nicht alle zusammen, sonst gibt es ein Durcheinander und keiner weiß mehr, wo hinten

	und vorne ist! Und bitte jeder nur ein Packerl! Hinzer Rudi!!! Das gilt besonders für dich!
Hinzer:	I hob letzts Jahr bloß zwoa gnumma, weil da Pflaum Kurt krank war und mir a SMS gschriem hod, dass i eam sei Packerl mitnehma soll! War eh bloß a Glump drin, a Gummiwürfel. Mit dem wennst gwürfelt hast, der is umanandagsprunga wia a Goaßbock! Wer den ins Wichtelpackerl eipackt hod, der hod kein Hirn ned!

Jungschütze Flori Flierl grinst in sich hinein, da er der Gummiwürfelverpacker war.

Vorstand:	Sei es wie es sei, auf jeden Fall, jeder bloß oa Packerl! Also, Tisch 1 nach vorn bitte!

Gesittet gehen die Wichtelnden von Tisch 1 nach vorne und entnehmen aus der Kiste je ein Päckchen. Die weiteren Tische folgen, dann wird an den Tischen aufgeregt geöffnet.

Huber:	*Zum Tischnachbarn Macht:* So ein Dusel! Bei mir is a Gutschein vo da Metzgerei Wiener drin im Wert vo 15 Euro!
Macht:	Nobel! Um 15 Euro kriagst einiges!
Huber:	Ja, und des konn i ganz alloa vertilgen, weil mei Renate is seit Neiestem Vegetarierin!
Macht:	Duselbauer! Des Glück hob i ned, dass mei Wei Vegetarierin is.
Huber:	Logisch, du bist ja a Junggsell!
Macht:	*Grinsend:* Eben!
Huber:	Du bist und bleibst a Narr! Wos is in dein Packerl drin?
Macht:	A Gutschein über 10 Euro von der Bäckerei Mehlinger!
Huber:	Ja super, do kinnma uns zammdua! Bsorg i d'Wurscht und du's Brout, dann hauma gscheit eine!
Wanzerer:	*Vom Nebentisch:* Derf i aa kemma? I hob an Gutschein für an Kasten Bier im Packerl drin!

Huber:	Wos für oans?
Wanzerer:	Brosl-Bräu.
Huber:	Passt! Do machma wos aus und dann lassmas kracha!

Nicht überall herrscht Freude über den Wichtelinhalt. Zum Beispiel an Tisch 4, an dem die komplette Familie Frimper, bestehend aus den Altschützen Franz und Frieda Frimper, deren Sohn Fritz Frimper mit Ehefrau Franziska Frimper sowie deren Kindern, den Jungschützen Frodo und Freya Frimper, Platz gefunden hat. Apropos Frimper: Es versteht sich von selbst, dass das Kfz-Kennzeichen der Familie mit FR-1 endet. Aber das nur nebenbei.

Frodo:	*Betrachtet abschätzig sein Wichtelgeschenk.* Wosn des für a Schmarrn?
Franz:	Des is eine Schneekugel! De muasst schütteln, dann schneibts! Des war zu meiner Zeit recht beliebt.
Frodo:	*Schüttelt die Schneekugel, in der es spontan schneit.* So a Kack! Wos soll des?
Frieda:	Frodo! Bitte ned so ordinär! Sooo schlecht is des aa wieder ned! Wos steht denn do oben?
Frodo:	Wo?
Frieda:	Unten!
Frodo:	*Dreht die Schneekugel um und liest vor:* Gruß aus Bad Reichenhall!
Franz:	Immerhin!
Frodo:	*Abfällig:* Pfff! *Zu Freya:* Wos hostn du für an Schmarrn im Packerl ghabt, Schwesterherz?
Freya:	An Ken!
Franz:	An wos?
Freya:	An Ken! Des is da Freind vo da Barbie!
Franz:	Vo wem?
Franziska:	Vo da Barbie! Des is a beliebte Puppe! De kimmt aus Amerika! Und de hod an Freind und der hoaßt Ken! Owa irgendwie is des aa blöd, Freya, weil du host ja gar koa Barbie! Da Ken alloa bringt aa nix, oder?
Freya:	Kaufst du mir a Barbie, Opa?

Franz:	Jawoll! Wenigstens du sollst a Freid haben mit dein Wichtelgschenk, wenn i scho koane hob!
Frieda:	Wos war nacha in dein Packerl drin?
Franz:	A Gutschein für an Herrenhaarschnitt vom Friseursalon „Kurz & Gut". I bin seit 30 Jahren plattert. Do bringt „Kurz & Gut" gar nix, für meine Hoor gilt „Aus & Amen"!
Frieda:	*Lachend:* Pechvogel! Owa Hauptsach, gsund samma!
Franz:	Warum bist denn gar so guad drauf? Wos host denn du kriagt?
Frieda:	Drei hautfreundliche Duftseifen: Kokos, Pfirsich und Mango! Des is wos Sinnvolles!
Franz:	Do schau her! Do wirst guad schmecka!
Frieda:	I schmeck IMMER guad!
Franz:	De oan song aso, de andern ...
Frieda:	Sei bloß staad! Du mit deine stinkerten Zigarrn und deiner Knoblauchwurscht!

Alles lacht über die Neckereien zwischen Opa und Oma, die Stimmung ist gut am Frimpertisch, trotz ungeliebter Schneekugel, sinnlosem Friseurgutschein und alleinstehendem Ken. Was Fritz und Franziska im Packerl hatten? Das weiß man nicht, sie wollen es erst zuhause öffnen, damit die Überraschung größer ist. Unbefriedigend ist die Situation an Tisch Nummer 3, an dem der Nebenerwerbsland- und Gastwirt Schorsch Schuster, hauptberuflich Rentner, gar nicht erfreut ist über sein Wichtelpackerl. Er macht seinem Ärger gegenüber seiner Gattin Luft.

Schorsch:	Zefix! Eine Unverschämtheit! Des gschissne T-Shirt in des Wichtelpackerl einedua! Größe S! Des passt doch keinem normalen Menschen! Und dann no der Aufdruck, do schau her, Gisela! *Hält das T-Shirt in die Höhe:* „Wasserhasser! Ich bin kein Tier, drum trink ich Bier!" So ein Krampf! Dass etza i allerweil aso a Glump dawisch! De andern Duselbauern do vorn hamm a Wurscht und a Brout und a Bier, i Pechvogel hob des saubläde Shirt!

Gisela:	Des Shirt kimmt mir irgendwie bekannt vor!
Schorsch:	Ja natürlich! Des is des T-Shirt, des mir da Stammtisch zum 60. Geburtstag gschenkt hod!
Gisela:	Und wia kimmt des in des Wichtelpackerl eine?
Schorsch:	Des hob i vor zwoa Jahren ins Wichtelpackerl bei da Weihnachtsfeier von da Feierwehr einedo. Und etz kimmts wieder zruck, eine Unverschämtheit! Des war bestimmt oaner vo de Feierwehrler. Und sowos nennt sich Kamerad! Des Shirt dua i nächste Woch' ins Wichtelpackerl bei der Weihnachtsfeier vom Obst- und Gartenbauverein eine!
Gisela:	Also du bist dei Geld wert!
Schorsch:	*Wieder gut gelaunt:* Scho.

Wie jedes Jahr sorgen die Wichtelgeschenke noch lange für Erheiterung bei den einen und für Enttäuschung bei den anderen. Nachdem die Weihnachtsfeier nach dem Absingen des Liedes „Stille Nacht" beendet und die Schützenbrüder und -schwestern heimgegangen sind, findet die Putzfrau beim Aufräumen verschiedene ungewöhnliche Artikel, unter anderem eine Schneekugel aus Bad Reichenhall und einen Würfel aus Gummi.